Ralf Prestenbach

HEILIGER BIMBAM

W0048927

»Es war der 20. Februar 2008, als ich aus der katholischen Kirche austrat. Es war mein Geburtstag, und ich hatte mir diesen Schritt sehr genau überlegt. Ich war es leid, einem Verein anzugehören, der Pädophile deckt und Geschäfte mit der Mafia tätigt. An Gott glaubte ich schon lange nicht mehr, aber bisher war ich einfach zu träge gewesen, mich abzumelden.«

Ralf Prestenbachs Weg vom Messdiener zum Kirchenaustreter war ein steiniger, aber auch gepflastert mit vielen kuriosen und komischen Erlebnissen: von Jungs in seltsamen Kleidern, von einer Oma, der ein »Vergelts Gott« wichtiger war als ein »Dankeschön«, von Bruder Bertram, dem Türsteher des Schulhofes – und von bestechender, kindlicher Logik. Denn der kleine Ralf lernte früh: Wenn der HERR der Hirte ist, dann muss man sich mit den Schäferhunden arrangieren …

Autor

Ralf Prestenbach war nicht nur Messdiener, Lektor und Klosterschüler – um ein Haar wäre er auch katholischer Priester geworden. Doch als ihm dämmerte, dass der Mensch sich nicht durch seinen Glauben, sondern durch seinen Verstand an die Spitze der Nahrungskette gekämpft hatte, wählte er die dunkle Seite der Macht und eröffnete einen Musikclub und eine Strandbar in Koblenz am Rhein.

Besuchen Sie uns auch auf www.facebook.com/blanvalet und www.twitter.com/BlanvaletVerlag

RALF PRESTENBACH

HEILIGER
BIM BAM

Ein Messdiener fällt
vom Glauben ab

blanvalet

Verlagsgruppe Random House FSC® N001967
Das für dieses Buch verwendete FSC®-zertifizierte Papier
Holmen Book Cream liefert Holmen Paper, Hallstavik, Schweden.

1. Auflage
Originalausgabe April 2015 bei Blanvalet, München,
einem Unternehmen der Verlagsgruppe Random House GmbH
Copyright © 2015 by Verlagsgruppe Random House GmbH, München
Umschlaggestaltung: © Johannes Wiebel | punchdesign,
unter Verwendung eines Motivs von Shutterstock.com
Redaktion: Lisa Bitzer
wr · Herstellung: sam
Satz: Uhl + Massopust, Aalen
Druck und Einband: GGP Media GmbH, Pößneck
Printed in Germany
ISBN: 978-3-442-38334-4

www.blanvalet.de

Inhalt

»Die Tatsache, dass wir am Boden eines Gravitations-
schachtes auf der Oberfläche eines von einer Gashülle
umgebenen Planeten leben, der sich um einen 90 Millionen
Meilen entfernten atomaren Feuerball dreht, und das
für normal halten, deutet zweifellos darauf hin,
wie schräg unsere Perspektive manchmal ist.«

Douglas Adams

1.

Ich bin ein Star – holt mich hier raus!

Ich strampelte und schlug um mich. Neun Monate war ich schon in dieser dunklen Höhle gefangen, doch jetzt war endgültig Schluss. Ich wollte raus. Raus aus der Enge. Raus in die Freiheit!

Die Höhle sah das wohl ähnlich. In den letzten Monaten war es hier drin immer enger geworden, und jetzt pressten sich die Wände derart dicht an mich heran, dass mir gar nichts anderes übrig blieb, als durch diesen viel zu schmalen Kanal nach draußen zu rutschen. Mann, war das mühsam! Mit dem Kopf hatte ich es bereits geschafft, doch der Rest von mir steckte noch irgendwo fest. Immerhin, ich wurde erwartet. Eine Hand umfasste meinen Schädel und half mir, mich aus der misslichen Lage zu befreien. Irgendwo im Hintergrund schrie eine Frau. Freundlich schrie ich zurück.

Auf den ersten Blick erschien mir diese Welt sehr seltsam. Riesige Wesen mit zwei Armen und Beinen standen um mich herum und glotzten mich an. Ich wurde gemessen, gewogen und schließlich auf den Bauch einer völlig fertigen Riesin gelegt. So sah meine Höhle also von der anderen Seite aus – interessant. Ich war auf jeden Fall froh, endlich draußen zu sein, und ich glaube, der Riesin ging es ähnlich. Nicht, dass wir die Zeit zusammen nicht genossen hätten, aber zu zweit auf so engem Raum, das war doch eine ziemliche Herausforderung gewesen.

Etwas später am Tag lernte ich, dass die Riesin, aus der ich mich gerade befreit hatte, eine Frau war und Mama hieß. Mama redete gern. Sie erzählte mir von einem gewissen Papa, der jeden Augenblick kommen würde, und von einem lieben Gott, dem sie so dankbar sei, weil er mich ihr geschenkt habe.

Als besagter Papa dann vor uns stand, fand ich ihn auf Anhieb sympathisch. Ein großer Typ, der mich Mama aus dem Arm nahm und zärtlich an sein stoppeliges Gesicht drückte. Er schien außer sich vor Freude, knutschte und drückte mich, erzählte mir etwas von »Dududu« und »Dadada« und legte mich schließlich ganz vorsichtig in mein Bettchen.

Armer sprachbehinderter Mann …

Aber die Hauptsache war, dass er mich mochte. Beim lieben Gott, dem anderen Kerl, von dem Mama andauernd sprach, war ich mir nicht so sicher. Wenn einer kleine Kinder verschenkte, dann konnte er noch so lange behaupten, er wäre ein ganz Lieber, glauben würde ich ihm nicht. Wie ich viele Jahre später erfuhr, sagte der liebe Gott von sich sogar selbst, dass er nicht immer so ganz entspannt war: »Denn ich, der Herr, dein Gott, bin ein eifersüchtiger Gott: Bei denen, die mir Feind sind, verfolge ich die Schuld der Väter an den Söhnen, an der dritten und vierten Generation.« (2 Mos 20,5) Was sagt man dazu? Ich konnte nur hoffen, dass es sich mein Vater und dessen Vater und dessen Vater nicht mit dem »Onkel« verscherzt hatten. Ansonsten sah meine Zukunft düster aus.

Am Tag meiner Geburt hatte ich von alldem natürlich noch keine Ahnung. Ich verstand nur eines: Der HERR meiner Eltern war naturgemäß auch mein HERR. Ehrlicherweise muss ich gestehen, dass das nicht gerade die Freiheit war, nach der ich mich all die Monate über gesehnt hatte. Ich war ein Geschenk? Pustekuchen. Ich war ein Leibeigener. Und darüber hinaus so unselbstständig, dass man mir selbst beim Rülpsen mit einem Rückenklopfen helfen musste.

Mama und Papa aber gaben mir nicht das Gefühl, ihr Eigentum zu sein. Im Gegenteil, sie taten alles, um mich zufriedenzustellen, und ich dankte es ihnen lautstark.

Außer meinen Eltern und dem HERRN gab es noch meine Schwester Jutta. Bei meiner Ankunft war sie bereits sechs Jahre auf der Welt. Papa brachte sie mit ins Krankenhaus, und als sie neben Mama und mir am Bett stand, staunte sie nicht schlecht: »Der ist aber klein. Und Falten hat der ja auch.« Mit einer Mischung aus Neugier und Ekel beugte sie sich über mein Bettchen und berührte mich mit der Spitze ihres rechten Zeigefingers. Einer toten Ratte hätte sie sich wahrscheinlich ähnlich genähert.

Für mich war die Sache in diesem Moment klar. Das war kein »Willkommen, kleiner Bruder«, kein »Schön, dass du da bist« – das war eine Kampfansage. Ich nutzte den Überraschungseffekt des Erstschlages und brüllte aus vollem Hals: »Nimm die Finger weg, du verzogenes kleines Biest! Sonst kannst du was erleben.«

Meine Schwester zuckte zusammen. Da ich bis dato aber weder Grammatik noch Vokabeln gelernt hatte, wollte mich niemand verstehen.

Mama sagte: »Keine Angst, er hat nur Hunger.«

Meine Schwester lächelte. Wenn auch zaghaft. Wahrscheinlich ahnte sie bereits, was in den nächsten Jahren auf sie zukommen würde.

In den folgenden Tagen lernte ich auch den Rest meiner Familie kennen. Onkel Rudolf, Fußballer und Kumpeltyp. Seine wunderschöne Frau Saskia. Meine vornehme Tante Hildegard und Onkel Paul, den Anwalt. Meine beiden Omas. Meinen lustigen Opa, der mir schon im Krankenhaus den ersten Schwips meines Lebens bescherte, weil er meine Mutter zu einem Piccolo überredete. Freunde, Nachbarn, Arbeitskollegen – alle kamen, um mir Hallo zu sagen. Oder »Dududu« und »Dadada«. Die Sprachbehinderung meines Vaters schien weit verbreitet. Nur einer zeigte sich nie persönlich: der HERR. Aber das war wohl seine Masche.

Nach einer Woche fuhren wir nach Hause. Das war vielleicht ein Schock. Papa hatte gerade ein Dreifamilienhaus fertiggestellt – quadratisch, praktisch, gut. Die Straße, in der wir wohnten, hieß »Im Acker« und war an der Grenze zwischen Unter- und Oberdorf. Aus dem Dorf war schon vor längerer Zeit ein Vorort geworden, und so langweilig wie die Straßennamen waren auch die Häuser. Mama, Papa, Jutta und ich wohnten im Erdgeschoss des Mehr-familienhauses. Die Wände hatten seltsam gemusterte Tapeten, und die Böden waren mit einem braunen Filz-teppich beklebt. Mama und Papa fanden das schön. Ich fand es okay. Waren halt die Siebziger.

Doch der Geschmack des HERRN schien tatsächlich noch schräger als der meiner Eltern. Im Jahr 1960 hatte man ihm zu Ehren im Unterdorf einen riesigen vierecki-gen Klotz aus Beton errichtet, neben den man dann vier Jahre später einen Kirchturm setzte. In eben jener archi-tektonischen Meisterleistung wurde ich wenige Monate nach meiner Geburt als zukünftiger Kirchensteuerzahler registriert.

Mama war an diesem Tag komplett durch den Wind. Sie vergaß sogar, dass ich ein Junge war, und steckte mich in ein weißes Kleid mit langer Schleppe. Sie selbst trug ein kurzes marineblaues Kostüm mit Spitzenkra-gen und weißen Kniestrümpfen. Junge, Junge, war das peinlich. Nur Papa war mit seinem braunen Sakko und der coolen Schlaghose Wetter und Anlass entsprechend gekleidet.

Zur Feier des Tages hatten sich alle Verwandten bei uns daheim eingefunden, und gemeinsam zockelten wir in Richtung des religiösen Bauunglücks. Wir waren ein bunter Haufen in Sonntagstracht, aus dem Tante Hilde-gard ganz besonders hervorstach. Sie hatte sich riesige Steine an Ohren und Hals gehängt. Wie schaffte sie es bloß, so viel Gewicht mit sich rumzuschleppen?

»Schau mal, er mag deinen Schmuck«, sagte Mama zu ihrer jüngeren Schwester.

Langsam gewöhnte ich mich daran, von allen andauernd missverstanden zu werden.

In der Kirche angekommen, begrüßte uns ein freundlicher älterer Herr. Auch er trug ein Kleid, was mich ein wenig misstrauisch machte. »Was wird das denn hier?«, fragte ich Mama, die mich gerade an Onkel Rudolf weiterreichte.

Keine Antwort. Die versammelte Verwandtschaft war in eine Art Schockstarre verfallen, und niemanden schien mein Geschrei zu kümmern. Irgendwann ließ ich es dann auch bleiben, und in diesem Moment sagte der Mann im Kleid: »Die aber, die dem HERRN vertrauen, schöpfen neue Kraft, sie bekommen Flügel wie Adler. Sie laufen und werden nicht müde, sie gehen und werden nicht matt.« (Jes 40,31)

Ob das der Grund war, warum ich immer noch getragen wurde? War ich dem HERRN gegenüber zu misstrauisch und konnte deswegen nicht selbst laufen? Ich wollte meine Vorbehalte ihm gegenüber gerade über Bord werfen, als ich unsanft aus den Gedanken gerissen wurde.

»Ich taufe dich im Namen des Vaters, des Sohnes und des Heiligen Geistes«, sagte der alte Mann und goss Wasser auf meinen empfindlichen Kopf.

Kaltes Wasser.

Aus einer Vogeltränke.

Auf meinen kahlen Schädel.

Seid ihr eigentlich vollkommen irre?!

Nachdem ich mir fast die Lunge aus dem Leib geschrien hatte, unterschrieben Mama und Papa meine Anmeldung in ihrem Verein. Von da an war ich offiziell Teil der Gemeinschaft der Heiligen, wie sich die Anhänger der Kirche des HERRN auch gern nennen. Ich brauchte viele Jahre, um aus diesem Knebelvertrag wieder herauszukommen – aber dazu später mehr.

Am Tag meiner Taufe wurde ich erst einmal trocken gerieben, dann ging es wieder heim. Für den Nachhauseweg legte man mich in den Kinderwagen, der mit seinen dünnen Reifen, dem klapprigen Gestell und dem monströsen Aufbau genauso Siebziger war wie das Kleid von Mama und die Koteletten von Papa. Meine Eltern hatten Stil. Aber was für einen.

Zu Hause angekommen, versammelten sich alle Beteiligten im viel zu kleinen Wohnzimmer. Nun sollte ich lernen, was es bedeutet, in einem der größten Drogenanbaugebiete Europas zu leben. Papa brachte den Stoff gleich kistenweise aus dem Keller, und alle um mich herum wurden immer fröhlicher. Ich wollte mittrinken, was Mama wohl irgendwie geahnt hatte, denn sie war vorbereitet. Sie hatte schon am Vortag Milch in eine Flasche gepumpt, welche sie mir nun versuchte, in den Mund zu stecken. Lautstark äußerte ich meinen Unmut, und wieder war es Opa, der dafür sorgte, dass aus mir ein echter Rheinländer wurde. »Jetzt geb däm arme Jung die Brust, dä will doch uch feiere«, sagte er.

Ich mochte diesen Opa, der war ein echt dufter Typ. Auch der Rest der Sippschaft war in Ordnung. Sie hatten vielleicht einen komischen Frisurengeschmack, trugen seltsame Klamotten und hörten verwirrende Musik, aber sie waren lustig und lieb. In dicken Windeln lag ich auf unserer Wohnzimmercouch und erfreute mich an dem bunten Treiben, als es plötzlich an der Tür klingelte.

Das Lachen verstummte. Eine seltsame, angespannte Stimmung breitete sich im Zimmer aus. War das der HERR? Wollte er mich vielleicht ... zurück?

»Geschenkt ist geschenkt, und wiederholen ist gestohlen!«, brüllte ich vorsichtshalber in den Raum, doch Mama ignorierte mein Geschrei und sagte nur: »Das wird sie sein.«

SIE? War der HERR etwa eine Frau? Papa fuhr zusammen. Ich auch. Er hechtete zur Tür, doch bevor er den Summer betätigen konnte, klingelte es bereits ein zweites Mal.

Dann ging die Wohnungstür auf, und ein badischer Wortschwall drang zu uns ins Zimmer, dicht gefolgt von einer kleinen, alten Frau. »Was brusch denn so long? Do kum i wege dere dumme Bahn schpät zur Dauf, nimm ma vom Bohnhof ä dires Taxi, un dann muss i warde?«

»Hallo Mama«, sagte mein Vater matt.

Papas Mutter, meine Oma, genauer gesagt meine Sinzheimer Oma, konnte sehr herrisch sein. Mehrere Stunden am Tag sprach sie mit dem HERRN, und über die Jahre schien dessen autoritäres Verhalten ein wenig auf sie abgefärbt zu haben. Ihre Kommunikationszentrale mit der direkten Verbindung nach oben war der Hausaltar in der Ecke ihres Wohnzimmers. Wenn sie auf Reisen ging, hatte sie eine Art Mobiltelefon dabei – ihren Rosenkranz. Die Sinzheimer Oma hatte Papa allein durch den Krieg bringen müssen, denn ihr Mann hatte sich schon früh aus dem Staub gemacht. Hirnhautentzündung. Seitdem wusste sie, dass man im Leben nichts geschenkt bekam, auch nicht vom HERRN. Oder besser gesagt, gerade nicht von ihm.

Um bei mir auf Nummer sicher zu gehen, hatte sie eine Freundin mit Auto und Führerschein gebeten, kurz vor meiner Geburt mit ihr auf Wallfahrt zu gehen. Ganze drei Mal. Einmal für Mama, »damit des dürre Ding d'Geburt überlebt«, einmal für Papa, »damit der Kerl endli mol ebs richdi macht«, und einmal schließlich für sich selbst, »damit da HERR net noch mä Prüfungen schickt«.

Erschöpft nach der langen Reise, aber offenbar glücklich, beugte sie sich nun über mich und verkündete stolz: »Du wirsch mol e richt'ger Preschtebach.«

Das klang wie eine Drohung. Ich machte mir spontan in die Windeln.

Während sich Oma auf die Couch fallen ließ und Mama mich frisch machte, wandte sich die restliche Verwandtschaft wieder Kaffee, Kuchen und dem ein oder anderen Glas Cognac zu. Das Familienrezept für eine gelungene Party lautet bei uns: Sekt, Cognac, Riesling oder Bier und Schnaps. In dieser Reihenfolge. Wir waren also beim Cognac angekommen, und die Feier war schon ausgelassen. Es wurden Geschichten ausgepackt, Neuigkeiten ausgetauscht, Details erfunden und natürlich übertrieben, dass sich die Balken bogen. Mama erzählte die dramatische Story meiner Geburt und dass der Krankenwagen schon bereitgestanden hatte, um sie im Notfall in die Uniklinik nach Mainz zu bringen. Mamas Blut war wohl irgendwie selten. Und meines auch. Und dann hätte man irgendetwas austauschen müssen, und dann wäre das sehr gefährlich geworden. Doch bevor ich verstand, wie das alles zusammenhing, mischte sich meine Sinzheimer Oma ein und sagte, dass man sich den Krankenwagen auch hätte sparen können. Schließlich hätte sie eine Wallfahrt gemacht, der Muttergottes auf ihrem Altar eine frische Kerze spendiert und dem Herrgott versprochen, dass der kleine Prestenbach einmal Messdiener werden würde. Die Sinzheimer Oma sagte immer nur »Herrgott«. Sie verbrachte sehr viel Zeit mit ihm und schien meine Ansicht zu teilen, dass *lieber* Gott irgendwie unpassend war.

Mama war viel zu gut erzogen, um irgendwelche Einwände gegen die Pläne ihrer Schwiegermutter zu erheben, und irgendwie schien ihr die Sache mit dem Messdienen auch zu gefallen. Sie lenkte das Gespräch dennoch in eine andere Richtung, und bald schon drehte sich die Unterhaltung der Frauen um Mamas neue Nähmaschine und um das geheime Schokotortenrezept von Tante Hildegard. Opa genoss wie immer stillschweigend seinen Cognac, die anderen Männer sprachen über ihre langweiligen Hobbys und ihre noch langweiligeren Berufe.

Ich war fasziniert. Der männliche Part meiner Verwandtschaft hätte wirklich unterschiedlicher nicht sein können. Onkel Paul, der Mann von Mamas jüngerer Schwester Hildegard, die mit den großen Klunkern, spielte gern mit Modelleisenbahnen und wählte die CDU. Wegen der Wirtschaft. Onkel Rudolf, Mamas jüngerer Bruder, war sportlicher BILD-Zeitungsleser und wählte ebenfalls die CDU. Weil man das so machte. Mein Papa aber war in der SPD, obwohl meine Sinzheimer Oma, seine Mutter, ihn deswegen fast enterbt hätte. Es war wohl die Ironie des Schicksals, die ihn nach seiner politischen Emanzipation vom Elternhaus ausgerechnet in eine erzkonservative Familie einheiraten ließ. Für eine echte Männerfreundschaft fehlte eigentlich jegliche Basis, aber das Leben hatte die drei Schwäger zusammengewürfelt, und nun machten sie das Beste daraus. Solange sie noch nicht vollkommen betrunken waren, klappte das auch ganz gut. Papa und Onkel Rudolf hatten sogar eine Gemeinsamkeit: Beide waren Nichtraucher. Wenn auch aus unterschiedlichen Gründen. Rudolf verzichtete wegen des Sportes, Papa wegen des Geldes auf den blauen Dunst. Onkel Paul hingegen störte beides nicht, er qualmte eine Zigarette nach der anderen. Dass ich dadurch immer wieder mal husten musste, störte Onkel Paul auch nicht. Es waren halt die Siebziger.

Papa schimpfte gerade mit schwerer Zunge über den kalten Winter und die hohen Heizkosten, als es erneut an der Tür klingelte. Diesmal waren es Klöckners aus dem zweiten Stock. Erich und Edeltraud waren nicht nur

Bewohner des Hauses, sondern mittlerweile auch gute Freunde meiner Eltern. Trotzdem kamen sie erst jetzt bei uns vorbei, denn Erich mochte keine Kirchen. Gegen Bier und gutes Essen hatte er aber nichts einzuwenden. Nachdem die beiden mich mit dem obligatorischen »Dududu« und »Dadada« begrüßt hatten, setzten sie sich zu den anderen an den Tisch.

»Wo sinner hit morgä denn g'wäht? Hab g'hört, ihr ward gar nit in da Kirch.«

Die schneidenden Worte meiner Sinzheimer Oma trafen die Klöckners völlig unvorbereitet. Erich stammelte: »Wir … äh, ja …«

Erst dann eilte Papa seinem Freund zu Hilfe. »Der Erich muss doch immer so lange arbeiten, Mama«, versuchte er zu beschwichtigen.

»Soso. Na, wenn der immer so viel schafft, dann koner dem Kleine e großzügigs G'schenk mache. Da vorn steht a Sparbücks.« Meine Oma war vielleicht alt, aber sie war nicht dämlich. Vor allem aber war sie durch und durch geschäftstüchtig. Dass der Ablasshandel schon 1567 verboten worden war, kümmerte sie einen feuchten Kehricht. Wer für ihr Enkelkind nicht betete, der konnte wenigstens zahlen.

Also blieb Erich nichts anderes übrig, als sich seinem Schicksal zu fügen. Obwohl er und Edeltraud schon zur Begrüßung einen Umschlag mit fünfzig Mark auf den Gabentisch gestellt hatten, holte er schief grinsend weitere zwanzig aus seiner Geldbörse und tat, wie ihm befohlen. Bei dem, was Klöckners bechern konnten, waren siebzig Mark immer noch eine lohnende Investition – zumindest für Klöckners. Zumal sie nicht einmal mehr fahren mussten. Die einzige Herausforderung des Abends würde der Weg nach oben werden: vierundfünfzig Treppenstufen und eine Wohnungstür. Doch bis dahin sollte es noch ein bisschen dauern.

Das Abendessen wurde aufgetischt. Papa sorgte für eine neue Runde, und während Tante Saskia den Tisch mit unserem »guten Geschirr« eindeckte, brachte Mama eine Schüssel nach der anderen herein. Verzückte »Ohs!« und »Ahs!« flogen durch den Raum und wurden dankbar mit in die Küche genommen. Mama strahlte. Als irgendwann auch die letzte Sauciere ihren Weg ins Wohnzimmer gefunden hatte, erhob Papa ein Glas und verschaffte sich Gehör.

»Ein Hoch auf die fleißige Hausfrau«, verkündete er mit stolzgeschwellter Brust.

Mama schien so glücklich wie nach meiner Geburt, nur schwitzte sie dieses Mal nicht so. Mit den Worten »Auf den kleinen Ralf!« erhob auch sie ihr Glas und nahm einen kräftigen Schluck. Die anderen taten es ihr nach und leerten ihre Römer, bevor Papa allen wieder nachfüllte.

»Und was ist mit mir?«, brüllte ich durchs Zimmer.

Alle lachten, niemand nahm mich mehr ernst. Mama versuchte mich mit einer Rassel zu beruhigen, doch die interessierte mich nicht die Bohne. Ich wollte trinken. Jetzt! Ganze zehn Minuten musste ich brüllen, bis Mama mich endlich zur Brust nahm.

Es schien so, als würde der viele Alkohol den Erwachsenen nicht ganz so gut bekommen. Anfangs machte er sie fröhlich, aber mit der Zeit wurden sie immer unberechenbarer. Dumm, dass sie ausgerechnet jetzt anfingen, über Politik zu sprechen. Wobei »sprechen« die Sache nicht ganz trifft. Onkel Paul beschwerte sich über viel zu hohe Steuern, die er als freiberuflicher Anwalt zu bezahlen hatte, als Papa ein »Und das ist immer noch zu wenig« herausrutschte.

Das konnte Onkel Paul nicht auf sich sitzen lassen. Mit hochrotem Kopf schmetterte er Papa entgegen: »Du Kommunist, dann geh doch nach drüben, wenn es dir hier nicht passt!«

Woraufhin Onkel Rudolf, nur um auch etwas zu sagen, »Genau« lallte.

Das wiederum ließ Papa nicht unkommentiert. »Ach, hast du auch eine Meinung?«, konterte er in Richtung Rudolf.

Die anderen taten so, als hätten sie nichts mitbekommen. Und ich tat es ihnen gleich.

Irgendwann nahm mich Mama von der Couch, gab mir einen Kuss und sagte: »Na, mein kleines Sternchen? Lass die Männer streiten, wir gehen jetzt ins Bett. Mama hat dich ganz doll lieb, und der liebe Gott auch.«

Da war er wieder. Der HERR. Obwohl ich ihn immer noch nicht zu Gesicht bekommen hatte, war ich seit heute offiziell Mitglied in seinem Verein. Ob ich ihm wohl jemals begegnen würde?

Gerade als Mama mich ins Schlafzimmer tragen

wollte, kam die Sinzheimer Oma noch einmal zu uns. »Du musch jede Obe a Vaderunser für da Kleine bete, hörsch?«, ermahnte sie Mama mit saurem Cognac-Atem. »Un drei Ave Maria. Wenn da Mudergodes gnädi isch, kon da nimmer viel bassiere. Denk aber immer dro: Da Herrgod sieht alles.«

Na klasse. In was für einen Schlamassel war ich denn hier geraten? Die Welt meiner Eltern war ein totalitärer Überwachungsstaat, regiert von einem unsichtbaren Despoten. Oder anders ausgedrückt: Willkommen bei den Katholiken.

2. Die doofe Eva und das Problem mit der Erbschuld

Eva war schuld. Das Poltern im Kinderzimmer hatte Papa aufgeweckt, und jetzt bekamen wir mal wieder die Leviten gelesen. Ob wir nicht wüssten, dass er tagsüber schlafe, weil er nachts arbeiten müsse. Doch wussten wir, schließlich fragte er uns das fast täglich. Warum wir dann trotzdem solch einen Lärm machten, wollte er wissen. Auf diese Frage wusste Papa wohl selbst schon die Antwort, denn kaum hatte er sie ausgesprochen, drehte er sich um und ging.

Ich hätte ihm gern noch gesagt, dass Eva die ganze Schuld traf, aber als guter Katholik wusste er das wahrscheinlich selbst.

Eva war schuld. Und zwar immer.

Trotzdem war sie meine beste Freundin. Wir waren acht Jahre alt und im zweiten Schuljahr, in meiner Klasse saß sie schräg hinter mir, und in meiner Straße wohnte sie schräg gegenüber. Auch sonst war Eva ziemlich schräg, aber was soll man von einem Mädchen schon anderes erwarten. Wegen jeder Kleinigkeit fing sie an zu heulen, und jeder zweite Satz von ihr lautete: »Das ist ungereeecht!«

Natürlich war es nicht gerecht, wenn ich ihre Limo ausge-trunken oder ihr ein Bein gestellt hatte. Aber so liefen die Dinge in der zweiten Klasse nun mal. Oder ist es vielleicht gerecht, dass Mädchen nicht im Stehen pinkeln können? Nein, ist es nicht, aber das sind die Spielregeln.

Und überhaupt. In der Bibel kann man nachlesen, dass sich die Mädchen das alles selbst eingebrockt haben. Vor langer, langer Zeit lebten Adam und Eva in einem großen Garten. Dort gab es wunderbare Pflan-zen und viel leckeres Obst. Nur eine Frucht war für sie tabu: der Apfel. Ausgerechnet der Apfel, des Deut-schen liebstes Obst… Kein Wunder, dass das Experi-ment im Garten Eden scheiterte. Siebzehn Kilogramm isst der Bundesbürger von heute pro Jahr. Man kann sich also vorstellen, was für ein Druck auf den beiden ersten Menschen gelastet haben muss. Oder sagen wir besser, was für ein Druck auf Eva lastete, denn solange es genügend Fleisch gab, war zumindest Adam glück-lich und zufrieden. Männer haben es ja nicht so mit Ge-müse. Oder mit Obst. Und so kam es, wie es kommen musste. Eines Tages nahm sich Eva einen Apfel, biss hinein, reichte ihn an Adam weiter und fragte schein-heilig: »Mann oder Memme?«

Als Gott abends in den Garten kam, wusste er natür-lich längst, was passiert war. Aber listig, wie der HERR nun einmal ist, fragte er seine beiden Schöpfungen nach dem fehlenden Apfel.

Mit männlichem Mut und ehrenhafter Ehrlichkeit gab Adam ohne Umschweife zu, in den Apfel gebissen zu haben. »Aber nur, weil Eva mich dazu gedrängt hat. Ich hab auch gleich wieder alles ausgespuckt. Ich mag nämlich gar keine Äpfel.«

Da fragte Gott Eva, warum sie die Frucht gepflückt und gegessen habe. Eva murmelte irgendetwas von einer Schlange, von willkürlichen Regeln, und dass das alles ungereeecht sei, aber da hörte der HERR schon gar nicht mehr zu. Er erhob seine Stimme und erklärte Eva, dass sie fortan nur unter Mühen Kinder bekommen werde und dass der Mann ihr Herr sein solle. Und kurz bevor der HERR achselzuckend von dannen zog, murmelte er noch etwas von endlich ausziehen und einen anständigen Job suchen. Seitdem müssen die Männer arbeiten und die Frauen kochen, putzen, nähen und all die anderen Sachen machen, auf die die Männer keine Lust haben.

Meine Eva wollte das aber nicht. Beim Legobauen tat sie nie, was ich sagte, und bei den Doktorspielen musste ich immer der Patient sein. Das war nicht Gottes Wille. Daher verstand ich es als eine natürliche Strafe des HERRN, als mitten im Katechismusunterricht die Bombe platzte: Eva durfte kein Messdiener werden. Einzig und allein, weil sie ein Mädchen war.

Es war ja nicht so, dass das Messdienersein Evas lang gehegter Wunsch gewesen wäre. Aber allein die Tatsache, dass sie nicht tun durfte, was ich tat, brachte sie auf die Palme. »Das ist ungereeecht!«, schrie sie meine Mutter an, die unsere Katechetin war.

Mama, vollkommen überrascht, versuchte die Situation zu retten. »Evalein, Messdienerinnen gibt es nicht.

Also zumindest nicht in unserer Gemeinde. Aber wenn du groß bist, kannst du Haushälterin werden. So wie ich bei Pater Ralf.«

Gott, wie ich es hasste. Schon wieder hatte mich Mama Pater Ralf genannt – aber wenigstens blieb mir dieses eine Mal der Triumph über Eva. Ich war ein Mann. Die Krone der Schöpfung. Ein angehender Messdiener.

In den folgenden Wochen sah ich Eva nur in der Schule, und da ging sie mir weitestgehend aus dem Weg. Selbst im Katechismusunterricht fehlte sie mehrmals hintereinander. Ich fand das dämlich. Es war klar, dass der HERR seit der Apfelgeschichte ein Problem mit Frauen hatte, und als Mädchen hätte ich alles darangesetzt, nicht noch mehr anzuecken. Das war ja nichts gegen Eva persönlich. Aber gut, es war ihre Entscheidung. Den HERRN konnte ich seit diesem Vorfall gut verstehen.

Schon früh hielt mich meine Sinzheimer Oma dazu an, in der Bibel zu lesen, und tatsächlich fand ich dort auch fast immer eine Antwort auf meine Fragen. Diesmal auch. Erst bastelte der Herr so etwas Tolles wie den Mann, dann dachte er: »Es ist nicht gut, dass der Mensch allein bleibt. Ich will ihm eine Hilfe machen, die ihm entspricht.« (1 Mos 2,18) Und dann kam so etwas Enttäuschendes wie Eva dabei heraus. Kein Wunder, dass er da frustriert war. Vielleicht hätte er sich bei der Kopie einfach ein bisschen mehr Mühe geben müssen – aber das durfte man ja nicht laut sagen.

Dass Frauen nicht ganz auf gleicher Höhe wie Männer waren, kapierte ich schnell. Mama konnte beispielsweise noch nicht einmal Auto fahren. Sie durfte es nicht einmal. Die einzige Frau mit Führerschein war Tante Hildegard, aber die könne es auch nicht, sagte Papa. Und seit Onkel Paul einen neuen Mercedes hatte, dürfe sie auch nicht mehr fahren, sagte Onkel Paul. Doch es haperte bei den Frauen ja nicht nur am Autofahren. »Wie blöd bist du eigentlich?« war einer von Papas Lieblingssätzen, wenn er sich mal wieder mit Mama stritt. Meistens ging es bei diesen Streitereien um Geld, denn rechnen konnte Mama wohl genauso gut wie Auto fahren. Wahrscheinlich war das auch der Grund, warum Papa ihr so wenig Haushaltsgeld gab.

Selbst bei uns Kindern war der Unterschied zwischen Original und Kopie eindeutig festzustellen. Es gab eine ganze Menge Dinge, die Mädchen lange nicht so gut konnten wie Jungs. Schubsen zum Beispiel. Oder Angeben. Oder Rülpsen. Wer jemals ein Mädchen rülpsen gehört hat, der weiß, wovon ich spreche. Kurzum, Mädchen waren zu nichts zu gebrauchen. Und es wurde nicht besser, wenn sie größer wurden.

Vor allem meine Schwester Jutta fand ich vollkommen überflüssig. Nur weil sie sechs Jahre älter war als ich, führte sie sich zu Hause auf, als hätte sie etwas zu sagen. Dabei war *ich* doch der Mann. Ich hatte die Hosen an. Zugegebenermaßen waren es oft jene Hosen, aus denen sie herausgewachsen war. Aber dennoch, das Binnenverhältnis beider Geschlechter hatte der HERR eindeutig geregelt. Jutta schien das aber egal, denn grundsätzlich sagte sie B, wenn ich A sagte. Irgendwann wurde es sogar noch schlimmer, denn plötzlich war es vollkommen egal, wer was sagte – Jutta war immer dagegen. Das war aber nicht die einzige Veränderung, die ich an meiner Schwester feststellen konnte. Ihre Launen wechselten im Minutentakt, und ein einziger frisch entdeckter Pickel reichte aus, um aus meiner Schwester für einen ganzen Tag einen tollwütigen Brüllaffen zu machen. Und dann diese Frisur. Brauchte sie bis vor Kurzem noch keine zehn Minuten im Bad, konnte man jetzt fast meinen, sie wohne darin. Besonders morgens fand ich das mehr als ärgerlich.

»Das ist alles Hildegards Schuld, bei der hat sie sich das Auftakeln abgeschaut«, hörte ich Papa eines Tages sagen.

»Lass meine Schwester aus dem Spiel! Das ist vollkommen normal für ihr Alter«, entgegnete meine Mutter gereizt.

Was war hier los? Widersprachen jetzt *alle* Frauen? Sogar Mama? Waren das die Vorboten des Weltuntergangs, die Reiter der Apokalypse?

Meine Schwester beschimpfte mich mit Worten, die ich noch nie zuvor gehört hatte. Worte, die Mama und Papa schlagartig nervös machten, sobald ich nach ihrer Bedeutung fragte. Eine Antwort bekam ich nie. Stattdessen brüllte Papa ein wütendes »Jutta!« durchs Haus, während sich meine Schwester in ihrem Zimmer einschloss und die Anlage aufdrehte.

In solchen Momenten sah ich zu, dass ich Land gewann. Als jüngerer Bruder sollte man lieber einmal zu viel als einmal zu wenig die Flucht ergreifen, das lehrt einen die Geschichte von Kain und Abel. Die beiden Söhne Adams und Evas waren sich nämlich auch nicht ganz grün. Abel, der jüngere, war wahrscheinlich besser in der Schule als sein Bruder, räumte gern sein Zimmer auf und tat im Allgemeinen das, was Mutti und Vati sagten. Genau wie ich. Kain jedoch war aufsässig und eifersüchtig. Genau wie Jutta. Ich war mir sicher, dass es nur einen einzigen Grund gab, warum mich meine Schwester in all den Jahren noch nicht erschlagen hatte: Sie konnte kein Blut sehen.

Nico hatte da nicht so viel Glück. Eines Tages lag er tot in seinem Käfig, und ich heulte verzweifelt neben ihm. Nico war kein gewöhnlicher Hamster gewesen, sondern mein Agent. Ich hatte ihn vor einigen Monaten zum sonderbevollmächtigten Vorkoster ernannt, und wann immer ich das Gefühl hatte, dass mit dem Essen etwas nicht stimmte, lief ich unter einem Vorwand in mein Zimmer und gab Nico davon zu kosten.

Jetzt, wo er tot war, blieben nur zwei Optionen: Entweder hatte mich Jutta wirklich aus dem Weg räumen wollen, oder Nico war an Mamas »Kochkünsten« gestorben. Tagelang starrte ich auf die Stirn meiner Schwester und wartete auf ein Zeichen des HERRN, doch nichts passierte. Kein Kainsmal, kein verräterischer Beweis ihrer Schuld – nichts. Jutta war wohl doch nicht die heimtückische Meuchelmörderin, und damit war klar: Nico hatte Mamas kulinarisches Gepansche nicht überlebt. Ich war schockiert, aber es wunderte mich nicht. Normalerweise kochte Mama ganz gut, aber alle paar Wochen meinte sie, etwas Besonderes auf den Tisch bringen zu müssen, und das ging dann meistens von vorn bis hinten schief.

Ich beerdigte Null-Null-Nico in unserem Garten und beschloss, mich eines Tages an meiner Schwester zu rächen. Sie war der Grund für mein Misstrauen, ihretwegen hatte ich Nico zum Vorkoster ernannt. Und selbst wenn sie Nico jetzt nicht direkt auf dem Gewissen hatte, so trug sie deswegen doch eine gewisse Mitschuld. Doch mit der Rache war das so eine Sache. Als guter Katholik wusste ich, dass ich als Erstes einen Blick ins Handbuch des HERRN werfen musste, um meine Vendetta moralisch abzusichern. Und tatsächlich fand ich in Römer 12,19 einige sehr aufmunternde Worte: »Rächt euch nicht selber, liebe Brüder, sondern lasst Raum für den Zorn Gottes; denn in der Schrift steht: *Mein ist die Rache, ich werde vergelten*, spricht der Herr.« Also harrte ich der Dinge und vertraute auf den HERRN.

Unterdessen ging das tägliche Leben weiter. Ich stand morgens auf, ärgerte meine Schwester und lief anschließend vergnügt zur Schule. Und auch dort ging es meistens lustig zu. Einmal, wir hatten gerade Religionsunterricht und unser Klassenlehrer Herr Lochmann erklärte uns das Bild vom letzten Abendmahl, platzte es aus Eva heraus: »Meine Mama sagt, auf dem Bild neben dem Jesus sitzt gar nicht Andreas, sondern Maria Magdalena.«

Herr Lochmann war sprachlos. Er suchte wohl noch die richtigen Worte, um Eva diese ketzerischen Gedanken auszureden, als sich Stefan umdrehte und quer durch die Klasse rief: »Glaubst du im Ernst, die hätten nur Brot gegessen, wenn da eine Frau gewesen wäre, die für sie hätte kochen können?«

Die ganze Klasse lachte. Normalerweise war Stefan nicht die hellste Kerze am Baum, aber dieses eine Mal hatte er den Nagel auf den Kopf getroffen. Eine Frau am Tisch des HERRN? Das konnte nicht sein. Die Aufgaben in der Kirche waren seit jeher klar verteilt: Frauen machten die Arbeit, Männer trafen die Entscheidungen. Selbst in unserer Gemeinde war das so, obwohl wir Pastor Ben hatten, einen richtig modernen Priester. Er war entspannt, weltoffen, gutmütig und entsprach so überhaupt nicht dem Klischee eines katholischen Geistlichen. Doch gegen die Spielregeln des HERRN konnte auch er nichts ausrichten, denn es steht geschrieben: »Wenn sie etwas wissen wollen, dann sollen sie zu Hause ihre Männer fragen; denn es gehört sich nicht für eine Frau, vor der Gemeinde zu reden.« (1 Kor 14,35)

In unserem Gemeinderat saßen zehn Männer zwei Frauen gegenüber. Im Bistum war das ähnlich, im Vatikan sowieso. Frauen dienten, Männer dachten. So ging das schon seit Jahrtausenden, und selbst unser Ben würde das nicht ändern können – so viel war klar. Trotzdem mochten ihn die Frauen. Denn er war nicht nur ein netter Kerl, er sah auch ziemlich gut aus.

»Eine Verschwendung«, hörte ich Mama einmal sagen.

»So ein hübscher Mann, und keine Frau darf ran.« Es war Weiberfastnacht, und im Rheinland herrschte Ausnahmezustand. Wie jedes Jahr probten die Frauen den Aufstand, rotteten sich zusammen und tranken mehr, als Frauen trinken sollten. Mama hatte mich zu einer Weibersitzung mitgenommen, und jetzt saß ich als einziges Wesen männlichen Geschlechts zwischen hundertsiebenundachtzig lustigen Damen im Haus der offenen Tür und drückte den Altersdurchschnitt gehörig nach unten.

»Hast recht, Elli, den Pastor würde ich auch nicht von der Bettkante schubsen«, lallte Gisela, Mamas beste Freundin.

Was für ein dummes Gerede. Natürlich würde Gisela Pastor Ben nicht von der Bettkante schubsen, dazu hat sie doch gar nicht die Kraft. Im Übrigen waren Mädchen im Rumschubsen echt mies, das wusste ich aus eigener Erfahrung. Eva versuchte mich nämlich auch immer von ihrem Bett zu schubsen, wenn ich meine Schuhe nicht ausziehen wollte.

Ich stellte mir Pastor Ben vor, wie er mit Schuhen auf Giselas Matratze Trampolin sprang, aber irgendwie war dieses Bild nicht stimmig. Machten Pastoren so etwas überhaupt? Durch fremde Betten hüpfen? Ich wusste es nicht, doch der nächste Programmpunkt lehrte mich, unserem Pastor fast alles zuzutrauen.

»Wolle ma se rinnlasse?«, schrie Susanne, die durchs Programm führte, in den Saal. Wie auf Kommando flog die Tür auf, und herein kamen zehn Männer in rosafarbenen Tutus, darunter mein Vater und Pastor Ben. Hundertsiebenundachtzig Frauen grölten, während ich mich in Grund und Boden schämte. Was unser Pastor in seiner Freizeit tat, ging mich nichts an, aber Papa setzte gerade unsere Familienehre aufs Spiel. *Meine* Ehre, wie mir spätestens am nächsten Morgen klar wurde.

Eva hatte in den letzten Wochen kaum mit mir geredet, aber jetzt wartete sie schon vor Unterrichtsbeginn neben dem Schultor. Breit grinsend rief sie mir zu: »Ich dachte, du kämst heute Morgen im Ballettkleid von deinem Papa.«

Im gleichen Moment tauchte Stefan auf. »Hab gehört, dass dein Alter jetzt mit Pastor Ben tanzt. Stimmt das?«

Anstelle einer Antwort holte ich tief Luft, ließ die beiden lachend stehen und ging hinein. In Gedanken war ich aber beim 5. Buch Mose, Kapitel 7, Vers 22: »Er, der HERR, wird diese Leute ausrotten vor dir, einzeln nacheinander …«

Seit diesem Morgen schenkte ich Eva keine Beachtung mehr. Sollte sie zukünftig mit Stefan spielen oder mit wem auch immer. Ich hatte auf jeden Fall genug von ihr. Mehr noch, ich hatte genug von *allen* Mädchen. Fortan suchte ich die Freundschaft von Männern. Echten Männern wie Jörg. Er hatte die größte Matchbox-Auto-Sammlung der Welt, was laut Papa aber kein Wunder war, denn Jörg war Einzelkind. Im Gegensatz zu mir trug er immer neue Klamotten. Und ein größeres Haus hatten seine Eltern auch, obwohl sie fast nie in die Kirche gingen. Jörgs Eltern waren nur an Weihnachten und Ostern katholisch, den Rest des Jahres wollten sie mit dem HERRN nichts zu tun haben.

Meiner Sinzheimer Oma gefiel das nicht. Eines Tages nahm sie mich bei einem ihrer Besuche beiseite und erklärte mir, dass Jörg schon lieb sei, aber dass er auch in die Kirche gehen müsse, sonst nehme es ein böses Ende mit ihm.

Als ich am nächsten Morgen in die Schule kam, wusste ich, was Oma gemeint hatte. Es war der Tag der Zeugnisausgabe, und Jörg wurde nicht versetzt.

»Du musst mehr beten«, erklärte ich ihm auf unserem gemeinsamen Weg nach Hause.

»Quatsch, ich muss mehr lernen«, meinte Jörg. »Du hast doch gehört, was Herr Lochmann gesagt hat. Ich bin nicht doof, ich bin nur faul.«

»Ja, aber genau das meine ich doch«, entgegnete ich. »Was glaubst du, macht mehr Arbeit? Beten oder lernen? Ich bete jeden Abend, und lernen tu ich fast nie.«

Jörg überlegte einen Moment. »Echt?«

»Ich schwöre.«

»Was machst du genau? Nur beten?«

»Jeden Tag. Und einmal am Wochenende muss man in die Kirche, entweder Samstagabend um sieben oder Sonntagmorgen um elf. Wir können ab jetzt zusammen dahin.«

Jörg war einverstanden und meine Oma stolz auf mich. Als sie das nächste Mal bei uns war und ich ihr von meiner ersten erfolgreichen Missionierung erzählte, verkündete sie: »Des wird da da Herrgod on ne me schöne

Tag belohne.« Ich freute mich und war gespannt, wie die Belohnung wohl aussehen würde.

Doch nach zwei Monaten hatte Jörg keine Lust mehr auf Kirche. Es war Sonntagmorgen, und ich klingelte wie gewohnt um Viertel vor elf an seiner Haustür.

Jörg öffnete im Schlafanzug und gähnte mich an: »Ich geh nicht mit.«

»Echt nicht? Und was ist mit deinen Noten?«, fragte ich enttäuscht.

»Keine Ahnung. Die sind mir egal.«

Das war schlecht. Für seine Noten *und* für mich. Was war jetzt mit meiner Belohnung? Wollte der HERR womöglich, dass ich die Sache selbst in die Hand nahm?

Ich überlegte kurz, dann wusste ich, was zu tun war. »Okay, ich bete in der Kirche dafür, dass du in der Schule besser wirst, und du gibst mir eins von deinen Autos, ja?«

Er gab mir nicht irgendein Auto. Er gab mir seinen nigelnagelneuen Matchbox Superfast Dodge Challenger. Um es mit den Worten Jesaja 49,13 auszudrücken: »Jubelt, ihr Himmel, jauchze, o Erde, freut euch, ihr Berge!«

3. Drei Vaterunser
für eine Erbsenpistole

Es war ein richtig guter Deal: Jedes Mal, wenn ich mich bei Oma und Opa blicken ließ, bekam ich eine Tafel Schokolade und ein paar Mark zugesteckt. Trotzdem schaffte ich den beschwerlichen Weg zu ihnen höchstens einmal pro Woche, denn meine Großeltern wohnten ganze fünfhundert Meter von mir entfernt.

Die Sinzheimer Oma sah ich noch viel seltener – aber das war nicht so schlimm. Bei ihr gab es nämlich nur zweimal im Jahr etwas zu holen, am Geburtstag und zu Weihnachten. Und ihre Geschenke waren noch nicht einmal provisionsfrei. Schon früh lehrte sie mich, dass ich mich nicht mit einem Dankeschön, sondern mit einem »Vergelts Gott!« zu revanchieren hatte, denn für ein lausiges Dankeschön gab es beim HERRN keinen Sündenrabatt. Was ich nicht verstand: Da meine Oma täglich mehrere Stunden betete, war sie auf mein »Vergelts Gott« doch eigentlich gar nicht angewiesen. Aber einem geschenkten Gaul schaute man eben nicht ins Maul. Und korrekte Antwort hin oder her: Es blieb bei den zwei Geschenken.

Trotzdem konnte ich mich nicht beschweren. Ich bekam, was ich brauchte. Der HERR war als Verkäufer zwar ein regelrechtes Schlitzohr, doch meistens kamen wir ganz gut miteinander aus. Sein bester Trick: Nirgendwo gab es eine feste Gebührenordnung. So war nie ganz sicher, was man letztendlich für eine Zwei in Mathe, für ein neues Fahrrad oder einen Platz im Himmel zu bezahlen hatte. Dasselbe galt auch für die alten Schulden. Also für jene Sünden, die nicht nur Eva im Paradies, sondern all die Generationen nach ihr begangen hatten. Sünden, die wir Katholiken wie einen riesigen Müllberg vor uns her schoben. Auch hier war nicht klar, was der HERR eigentlich dafür haben wollte, dass er uns verzieh. Reichte es, wenn ich ihn jeden Abend um Vergebung der täglichen Vergehen bat und ihm danach den Wunschzettel für die kommenden Tage präsentierte? Oder sollte ich darüber hinaus auch beichten gehen? Mama meinte, ein Abendgebet und der wöchentliche Kirchgang wären vollkommen ausreichend. Papa riet mir dringend zur regelmäßigen Beichte, und meine Sinzheimer Oma trichterte mir ein, dass ich auf keinen Fall die Muttergottes vergessen dürfte.

Die Muttergottes war Omas Lieblingsthema. Sie hatte den HERRN zur Welt gebracht und war dadurch eine Art Schwergewicht im katholischen Pantheon. Wobei das so auch nicht ganz richtig ist. Die Katholiken haben ja gar keinen Pantheon, da sie nur an einen Gott glauben. Aber den gibt es gleich drei Mal. Das ist ein bisschen schwer zu verstehen, deswegen haben sich die frühen Christen auch ziemlich lange drum gestritten. Zusammengefasst ging es bei dem Streit um die Frage, ob die drei Erscheinungsformen des HERRN, also Gott, Jesus Christus und der Heilige Geist, *wesensgleich* oder *wesensähnlich* seien. Das ist ungefähr so, wie wenn man sich fragt, ob Raider, Snickers und Banjo ein und derselbe Schokoriegel sind.

Nach langem Hin und Her war irgendwann klar: Ja, alles ein und dasselbe. Es war also prinzipiell egal, ob man Gott, Jesus oder den Heiligen Geist anbetete, alles landete auf dem Schreibtisch des HERRN. Da dieser aber jeden Tag von mehr als einer Milliarde Katholiken angerufen wurde, tat man gut daran, sich bei akuten Problemen an einen seiner Fachbereichsleiter zu wenden. Hier kamen die Muttergottes, die Seligen und die Heiligen ins Spiel. Über sechstausend Ansprechpartner im katholischen Himmel standen einem zur Verfügung. Die Kunst bestand lediglich darin, den Zuständigen für das jeweilige Problem ausfindig zu machen. Wer unterstützte beispielsweise die Bitte nach einer neuen Erbsenpistole? Die Heilige Barbara, Patronin der Artilleristen, Pyrotechniker und Büchsenmacher? Oder doch eher der Erzengel Michael, Symbol der wehrhaften Kirche und Schutzheiliger aller Soldaten? Die Frage war nicht unerheblich, denn eine gute Erbsenpistole war wichtig, besonders wenn gerade wieder Kirmes war und wir unser Revier gegen die Dumpfbacken aus dem Oberdorf verteidigen mussten.

Ich wollte bei dieser Frage kein unnötiges Risiko eingehen und begann mein abendliches Gebet mit einem Ave Maria. Die Muttergottes dürfte unter den vielen Vermittlern den größten Einfluss haben, da war ich mir mit meiner Sinzheimer Oma einig. Als Nächstes sprach ich dann nicht nur zur Heiligen Barbara, sondern auch zum Erzengel Michael. Zu guter Letzt schob ich noch ein Vaterunser hinterher. Doppelt gemoppelt hielt besser. Keine drei Tage später bekam ich tatsächlich eine neue Erbsenpistole. Der HERR hatte Opa beauftragt, mir das teuerste Modell zu kaufen, und ein Eis gab es noch obendrauf.

So einfach lief das aber nicht immer, vor allen Dingen ging es meistens nicht so schnell. Beten war nämlich ein bisschen wie Angeln – man brauchte eine ganze Menge Geduld. Auch damals, als ich unbedingt einen neuen Schreibtisch wollte. Da es keinen Heiligen gab, der sich auf die Beschaffung von Schreibmöbeln spezialisiert hatte, wendete ich mich jeden Abend an den heiligen Nikolaus. Er war Schutzpatron der Seefahrer, Binnenschiffer, Kaufmänner, Bäcker, Getreidehändler, Drescher, Pfandleiher, Juristen, Apotheker, Schneider, Küfer, Fuhrleute, Salzsieder, Pilger, Reisenden, Metzger, Diebe, Gefängniswärter und so weiter und so fort, aber vor allem: Patron der Schüler und Studenten. Bei ihm würde mein Anliegen auf offene Ohren stoßen, da war ich mir sicher.

Doch dann machte ich diesen blöden Fehler. Anstatt den heiligen Nikolaus zu bitten, dass er für meinen Wunsch ein gutes Wort bei seinem Chef einlegte, bat ich ihn direkt um den Schreibtisch, und das war nicht schlau. In Sachen Machtanspruch war der HERR nämlich ziemlich empfindlich, wie sein Handbuch an vielen Stellen deutlich macht. Ich bangte ein paar Tage nach meinem Gesuch, doch ich hatte Glück. Der HERR ließ mich weder steinigen noch rottete er meine Familie aus. Er bestrafte mich, indem er meiner Schwester den neuen Schreibtisch besorgte und mir ihren alten Schrotthaufen ins Zimmer stellen ließ. Du sollst keine anderen Götter neben mir haben … Verehren war erlaubt, anbeten nicht. Diese Lektion hatte ich gelernt.

Eine zweite wichtige Lektion sollte bald folgen: Als Katholik konnte man der größte Verbrecher sein, man konnte Hausaufgaben abschreiben, Süßigkeiten klauen oder den ganzen Tag die eigene Schwester ärgern – alles kein Problem, solange man den HERRN danach um Verzeihung bat. Jeden Abend schickte ich also meine Wunschliste gen Himmel und bat gleichzeitig um die Vergebung meiner Schuld. Aber das reichte nicht. Die »lässlichen Sünden« bekam man auf diese Art los, aber gegen »schwere Sünden«, »himmelschreiende Sünden« oder gar »Todsünden« half nur eine Beichte.

Man hätte die Vergehen der übleren Sorte ja einfach vermeiden können, aber das war schon wieder so ein Trick des HERRN. Gerade die sieben Todsünden Stolz, Geiz, Neid, Zorn, Wollust, Völlerei und Faulheit waren nicht exakt definiert. Man konnte also, auch wenn man sich eigentlich vorgenommen hatte, ein guter Mensch zu sein, und sich alles in allem vorbildlich verhielt, in die Falle tappen.

Nehmen wir beispielsweise den Stolz. Ich hatte mal eine Eins in Erdkunde und war mächtig stolz darauf.

Kam ich dafür schon in die Hölle? Wäre ich mit einer Drei, auf die ich selbstredend nicht stolz wäre, also besser dran gewesen? Oder Neid: Jörgs Fahrrad war einfach schöner als meines – da konnte ich gar nichts dran ändern. Das war Fakt. War doch klar, dass ich das lieber haben wollte als den alten Drahtesel in Lila, den zu allem Überfluss auch noch Jutta vor mir gefahren hatte. Und was den Zorn anging: Wenn Eva überall herumerzählte, ich hätte mit ihrer Barbie gespielt, dann musste mich das doch wütend machen.

Weil ich also nie genau wusste, ob und was ich verbrochen hatte, ging ich sicherheitshalber einmal im Monat zur Beichte. Ich hasste es. Sünden vor dem HERRN zu bereuen, war eine Sache, sie seinem Bodenpersonal ins Ohr zu flüstern eine ganz andere. Obwohl ich wusste, dass Pastor Ben dichthielt, war es mir extrem unangenehm. Allein diese komischen Floskeln: »Ich bekenne in Demut und Reue meine Sünden.« Was für eine Sülze. Pastor Ben antwortete dann: »Gott schenke dir wahre Erkenntnis deiner Sünden«, und ich legte los, immer ganz knapp an der Wahrheit vorbei: »Ich hab Juttas Rock versaut, weil ich dachte, es wäre ein alter Lappen, und dann hab ich damit meine Fahrradspeichen sauber gemacht.«

Pastor Ben war meistens so freundlich, keine allzu neugierigen Fragen zu stellen. Ich hätte auch nicht glaubhaft erklären können, warum ich im Zimmer meiner Schwester nach einem Putzlappen gesucht hatte. Ausgerechnet bei ihr, die die Wörter »aufräumen« und »sauber machen« nur aus dem Lexikon kannte.

Was mich bei der Beichte immer verblüffte, waren die Strafen, die mir Pastor Ben auferlegte.

- Juttas Lieblingsrock versaut: Entschuldigung bei Jutta und drei Vaterunser.
- Hausaufgaben abgeschrieben: zwei Vaterunser.
- Eva geärgert: ein Vaterunser.

Es gab scheinbar doch eine Gebührenordnung, wenn die auch nicht öffentlich war. Dort war alles verzeichnet, was sich je ein Mensch an Sünden ausgedacht hatte: Ketchup in der Shampooflasche von Mama, Wasser auf der Kreide von Herrn Lochmann, Kaninchenköttel auf dem Butterbrot meiner Schwester ... Für alles fand Pastor Ben ohne zu zögern die korrekte Strafe. Eine Zeit lang fühlte ich mich richtig angespornt, ein Vergehen zu finden, auf das er keine Antwort hatte. Aber Spaß machte die Beichte trotzdem nicht. Eigentlich ging ich nur hin, weil Papa mich regelmäßig daran erinnerte. Und der dachte vermutlich auch nur dran, weil ihm die Sinzheimer Oma ständig ins Gewissen redete.

Früher hatten die Menschen es da leichter. Zumindest die Menschen, die Geld besaßen, denn die konnten ihre Sünden einfach bar bezahlen. Ungefähr einen Monatslohn kostete damals ein Ablassbrief. Vor ein paar Hundert Jahren wurde die Sache mit dem Ablass aber abgeschafft, denn ein Mann namens Martin Luther regte sich mächtig darüber auf. Er behauptete, dass es nicht im Sinne des HERRN sei, wenn die Leute für ihre Sünden mit Geld bezahlten. Dann würden sie nämlich gar nichts mehr bereuen. Der damalige Stellvertreter des HERRN,

Papst Leo X., fand die Kritik von Luther gar nicht gut. Er hatte sich mit dem Ablasshandel ein goldenes Näschen verdient und von den Erträgen einen riesigen Dom in Rom gebaut. Der musste dem HERRN gefallen, da war er sich vollkommen sicher. Außerdem war er es nicht gewohnt, dass man ihm widersprach. Der Papst schmiss Luther aus der Kirche und hoffte, damit wieder in Ruhe seinen Geschäften nachgehen zu können.

Aber denkste, der Ärger ging weiter. Luther war nicht nur so frech, dem Papst Widerworte zu geben, er übersetzte auch das Handbuch des HERRN ins Deutsche und machte seinen Protest zum Konzept für eine neue Kirche. Heraus kamen nicht umsonst die Protestanten. Was Martin Luther sagte, freute all jene, die den Papst nicht leiden konnten. Und das waren nicht wenige. So kam es, dass ganze Landstriche die Konfession wechselten wie eine alte Unterhose und Papst Leo X., der Dombauer, in Zugzwang kam. Damit die Schäfchen des HERRN im Schoß der einzig wahren Kirche blieben, wurden die Ablassbriefe kurzerhand abgeschafft. Allerdings nur die Briefe – man wollte sich ja nicht gleich das ganze Geschäft kaputt machen lassen. Der Ablass über Spenden und Pilgerfahrten galt natürlich immer noch.

Meine Sinzheimer Oma war ein regelrechter Pilgerfan. Wann immer sie Zeit hatte, ging sie auf Wallfahrt. Dabei hätte sie das eigentlich gar nicht nötig gehabt, so viel, wie sie zu Hause betete. Doch ihr ging es nicht nur um den Ablass, sondern auch um das Vergnügen.

Es war ein wolkenloser Nachmittag, als Papa unseren weißen Audi 100 auf den Parkplatz der Gebetsstätte von Wigratzbad lenkte.

Meine herrische Oma war auf der Fahrt immer fideler geworden, und jetzt überschlug sie sich förmlich vor Begeisterung. »Pfarrer Pfleggenberg hält hüt die Mess. Des isch en feiner Mann.«

Oma schien wie ausgewechselt, ihre zweiundsiebzig Lenze waren ihr nicht anzumerken. In Windeseile sprang sie aus dem Auto und rannte in Richtung eines Ufos, welches sich bei näherer Betrachtung als die dem Heiligsten Herzen Jesu und dem unbefleckten Herzen Mariens geweihte Sühnekirche entpuppte.

Mama und ich ließen uns die Verwirrung nicht anmerken und trabten hinterher. Als wir das Kirchenportal erreicht hatten, keuchte Oma: »Mir misse uns beeile, bis zur Mess isches kei Stund mehr. Und jetz Ruh!«

Wir taten, wie uns befohlen, bekreuzigten uns mit Weihwasser und folgten Oma in die erste Reihe. Hier händigte sie jedem von uns einen Rosenkranz und ein Gebetbuch aus und kniete sich hin. Mama und ich taten es ihr nach – von Papa fehlte jedoch jede Spur. Er kannte nämlich Omas Obsession, sich in Kirchen und Gebetsstätten möglichst früh betend den besten Platz zu sichern, und hielt sich lieber im Hintergrund. Nur dumm, dass er Mama vorher nichts davon erzählt hatte…

Während wir uns die Knie wundscheuerten, saß Papa also in der Pilgergaststätte und trank ein Gläschen Wein.

Als er dann kurz vor Messebeginn eingetrudelt kam, war Mama stinksauer. Selbst der Einzug von Pfarrer Pfleggenberg konnte sie nicht aufmuntern. Ich hingegen war begeistert, von Oma gar nicht erst zu reden. Was dieser Pfarrer und seine Jungs an Pomp und Gloria aufführen, war schon etwas Besonderes. Noch nie zuvor hatte ich jemanden so leidenschaftlich reden gehört, und noch nie hatte ich dabei so wenig verstanden. In seiner Predigt ging es um die Schuld der Juden am Tod des HERRN und um die protestantische Krankheit, die es zu heilen gelte. Wo da der Zusammenhang war, konnte auch Mama mir nicht erklären.

Als der Zauber endlich zu Ende war, musste ich dringend aufs Klo. Papa lud Mama auf einen Versöhnungswein in die Pilgergaststätte ein, und ich bekam zur Feier des Tages eine Cola spendiert. Die hatte ich auch bitter nötig, war ich doch in der Kirche mit dem Kopf auf der hölzernen Bank eingeschlafen.

Nur Oma merkte man keinerlei Müdigkeit an. Anstatt mit uns einen trinken zu gehen, rannte sie schnurstracks in den Pilgerladen. Eine Stunde später stand sie vollbepackt mit Tüten und Kartons vor unserem Tisch. »So, gut isch, mir kinne fahre.«

Oma war eigentlich immer sehr sparsam, aber wenn sie Devotionalien sah, konnte man sie nicht bremsen. Rosenkränze, Kerzen, Gebetszettel, Kreuze, Madonnen – der Tand löste bei ihr denselben Reflex aus wie bei mir jegliche Form von Süßigkeiten. Nicht nur in Wigratzbad wusste man das zu schätzen. Auf der ganzen Welt gab es mehr als zehntausend heilige Stätten, bei denen man in frommer Andacht sein Geld loswerden konnte, und Oma kannte sie alle. Manche dieser Wallfahrtsorte, wie etwa Lourdes, Tschenstochau oder Fátima, ziehen jährlich mehr als fünf Millionen Menschen in ihren Bann, andere hingegen sind heiß gehandelte Insidertipps. Wie etwa der Spittelberg in Polen, wo man die Muttergottes verehrt und *Jerusalemer Balsam* bekommt, eine Heilpaste, die praktisch gegen alles wirkt. Oder die Kapelle unserer lieben Frau von der wundertätigen Medaille mitten in Paris. Die Marienplakette, die sie dort verkaufen, garantiert an bestimmten Tagen einen vollkommenen Ablass aller Sünden.

Eine solche Medaille hat mir Oma auch einmal mitgebracht, zusammen mit einer Anleitung, wie man das Amulett zu benutzen hat. Ich war zuerst ein bisschen skeptisch, ob das nicht ein versteckter Ablasshandel wäre, aber Oma beruhigte mich. Viele Stellvertreter des HERRN benutzten selbst eine wundertätige Medaille, erzählte sie mir. Papst Gregor XVI. beispielsweise ließ sie am Fuße seines Kreuzes anbringen, Pius X. gründete die Vereinigung der Wunderbaren Medaille, Pius XII. verschenkte sie gern bei Audienzen, und selbst Mutter Theresa schwor auf sie. So oft man die Medaille mit den Worten »O Maria, ohne Sünde empfangen, bitte für uns, die wir zu dir unsere Zuflucht nehmen!« zur Hand nahm, bekam man einhundert Tage weniger Fegefeuer.

Ich hab mir das mal ausgerechnet. Für einmal Aufsagen brauchte ich acht Sekunden, plus zwei Sekunden zum Einatmen, bedeutete also sechshundert Tage Ablass in einer Minute und sechstausend in einer Stunde. Das waren mehr als sechzehn Jahre weniger Fegefeuer. Zusätzlich gab es einen Generalablass an dem Tag, an dem man die Medaille bekommen hatte, und jeweils einen am 27. November, am 8. Dezember, am Ostersonntag und auf dem Sterbebett. Alles zusammen für nicht einmal zwei Mark in der Aluminiumausführung. Da war es fast schon schade, dass wir Katholiken nicht an die Wiedergeburt glaubten.

Doch Ablass hin oder her, ich mochte das Teil nicht. Es war an einer kleinen Silberkette befestigt, und wenn es nach Oma gegangen wäre, hätte ich diese Tag und Nacht um den Hals getragen. Tat ich aber nicht, ich war ja kein Mädchen. Die Medaille verschwand in derselben Schublade, in der ich auch die Gebeine vom heiligen Leonard und die vom heiligen Severin aufbewahrte. Ersterer half bei Kopfschmerzen und Geisteskrankheit, Letzterer bei Hungersnöten. Die winzigen Knochenstückchen waren in ein kleines altes Kreuz eingelassen. Da ich aber weder geisteskrank war noch unter Hunger litt, wollte ich es am liebsten verkaufen. Doch dann hätte ich wieder zur Beichte gemusst. Der HERR mochte es nämlich nicht, wenn man die Knochen seiner Angestellten verscherbelte, sagte Papa. Davon abgesehen hätte ich auch niemanden gekannt, dem ich mein Erbstück hätte andrehen können.

In der Schublade, in der das Kreuz und die Medaille lagen, befand sich auch mein Gebetbuch, das *Gotteslob*.

In ihm waren die Texte und Noten aller Kirchenlieder abgedruckt sowie alle Gebete, Andachten und Litaneien. Letztere waren eine echte Zumutung und für den Hausgebrauch völlig ungeeignet. Ich konnte mir einfach nicht vorstellen, dass der HERR diese Schleimerei wirklich mochte:

Jesus, Sohn des lebendigen Gottes
Jesus, Bild des Vaters
Jesus, Sohn der Jungfrau Maria
Jesus, Strahl des ewigen Lichtes
Jesus, Gott und Mensch (…)

Du gehorsamer Jesus
Du geduldiger Jesus
Du eifernder Jesus
Du mutiger Jesus
Du liebender Jesus

Jesus, unser Herr
Unser Heiland
Unser Erlöser
Unser Freund
Unser Lehrer
Unser Vorbild (…)

Jesus, du Grundstein
Jesus, du Weizenkorn
Jesus, du Weinstock (…)

Und so weiter und so fort. Das konnte man doch nicht allen Ernstes beten, ohne damit zu rechnen, dass der HERR spätestens nach zehn Minuten eingeschlafen war. Oder ohne selbst dabei einzuschlafen.

Ich jedenfalls formulierte meine Gebete lieber auf den Punkt: »Herr im Himmel, heute war ein schöner Tag. Danke. Vergib mir meine Sünden, und wenn ich eine Erbsenpistole bekomme, verspreche ich dir, zukünftig auch mehr zu lernen. Amen. Liebe heilige Barbara, ich hätte so gern eine neue Erbsenpistole, bitte hilf. Danke. Lieber Erzengel Michael, leg auch du für mich ein gutes Wort ein. Danke. Amen.«

Danach noch ein Vaterunser, und die Sache war geritzt. Bis ich eingeschlafen war, hatte ich dann noch genügend Zeit, um mir vorzustellen, wie ich mit einer neuen Erbsenpistole den Jungs aus dem Oberdorf Schmerzen zufügen würde, denn wie steht es schon in Jesaja, Kapitel 1, Vers 24 geschrieben: »Weh meinen Gegnern, ich will Rache nehmen an ihnen, mich rächen an meinen Feinden.«

4. Katholisches Begrüßungsgeld – die erste heilige Kommunion

Wir waren neun Jahre alt und erlebten ein staatstragendes Ereignis. Alle hatten sich herausgeputzt und warteten darauf, dass es endlich begann. Genau wie bei der Probe vor einer Woche hatten Mama und die anderen Katecheten uns in Zweierreihen vor der Kirche aufgestellt. Sie hatten ausgelost, wer mit wem gehen sollte, und ich hatte dabei eine echte Niete gezogen: Eva. Ausgerechnet Eva, mit der ich schon seit Wochen kein Wort mehr gewechselt hatte. Jeder wäre mir lieber gewesen, selbst der begriffsstutzige Stefan.

Doch Mama wollte nichts davon hören. Sie war mal wieder außer sich vor Freude und sagte nur: »Ralfi, wir haben ausgelost, und dabei bleibt's. Und jetzt lächelt mal, ihr zwei!« Sie zückte den Fotoapparat und schoss ein Bild, auf dem wir tatsächlich lächelten, aber nur, weil Mama es später auf dem Kopf stehend ins Fotoalbum geklebt hat. *Und Pater Ralf lächelt doch!*, schrieb sie darunter. Wie lustig.

Kurz bevor es losging, kamen Pastor Ben und seine Messdiener aus der Sakristei und stellten sich an die

Spitze der Prozession. Drinnen ertönte die Kirchenorgel, und draußen begann das Blitzlichtgewitter. »Dröhnend rollte dein Donner, Blitze erhellten den Erdkreis, die Erde bebte und wankte.« (Ps 77,19)

Und wie sie wankte. Bei der Probe hatte uns kaum jemand zugeschaut, aber jetzt war die Kirche gerappelt voll, und Hunderte von Augenpaaren starrten uns an. Mit feierlichen Schritten zogen wir Richtung Altar. Die Messdiener trugen Kreuze und Weihrauch, wir Kommunionkinder unsere Kerzen. Nur Pastor Ben musste nichts tragen, aber dafür war er ja auch der Anführer. Kurz vor dem Altar trennten sich unsere Wege, Pastor Ben und die Messdiener gingen zu ihren Plätzen auf der Erhöhung, und wir schlüpften in die Kirchenbänke der ersten zwei Reihen.

Hier konnte sich unsere Aufregung ein bisschen legen. Die erste heilige Kommunion war eine ernste Sache, das war uns allen klar. Der HERR erlaubte uns, von seinem Leib zu kosten. Er hatte sich geopfert, damit wir besser leben konnten. Doch ganz verstand ich diese Geschichte immer noch nicht. Der HERR hatte sich damals also klonen lassen und war als sein eigener Sohn zu uns auf die Erde gekommen. Dann war er durch Palästina gezogen und hatte gegen alle gestänkert, die etwas zu sagen hatten. Das hatte doch nicht gut gehen können. Und all das war geschehen, um uns zu retten? Irgendwie unlogisch.

Für mich klang die Geschichte von Jesu Leben und Sterben eher nach einem kleinen Abenteuer eines alten Herrn. Vielleicht hatte er sich endlich mal wieder richtig amüsieren wollen, schließlich war er ja schon eine Ewigkeit nicht mehr vor der Tür gewesen. Und dann hatte er es eben ein bisschen übertrieben. Wahrscheinlich war das Ganze von Anfang an ein Himmelfahrtskommando gewesen, doch der HERR wäre nicht der HERR, wenn er einen Fehler eingestehen würde. »Alles Absicht«, ließ er seitdem durch seine Mitarbeiter verkünden, und die Menschen waren begeistert. Es hatte ja vorher schon viele Götter gegeben, aber noch nie zuvor hatte sich einer für die Menschheit ans Kreuz nageln lassen. Das war doch mal was. Das hatte Potenzial.

Als ich aus meinen Überlegungen aufwachte, war es Zeit für die Fürbitten. Mama hatte sie im Katechismusunterricht mit uns vorbereitet, und nun gingen wir einer nach dem anderen zum kleinen Mikrofonständer, den man extra für uns neben der Kanzel aufgebaut hatte. Ich spürte zum ersten Mal in meinem Leben Lampenfieber und merkte, wie meine Knie zitterten. Doch dann trat ich zum Mikrofon und äußerte mit fester Stimme meinen größten Begehr: »HERR, bitte schenke uns Frömmigkeit, Ehrfurcht und Treue, damit wir weiter gern zum Gottesdienst kommen.«

Okay, es war vielleicht nicht mein innigster Herzenswunsch, aber immerhin war es der öffentlichkeitstauglichste. Meinem allergrößten Anliegen hatte der HERR bereits entsprochen: Geschenke. Viele Geschenke. Und noch mehr Geschenke. Zu Hause türmten sich Pakete, Päckchen und Geldumschläge aus der gesamten Nachbarschaft.

Doch bevor ich das alles öffnen und zu meinem Eigentum erklären durfte, wurde es zuerst noch einmal ernst. Pastor Ben sprach die Einsetzungsworte, nachdem er Brot in Menschenfleisch verwandelt hatte: »Das ist mein Leib, der für euch hingegeben wird. Tut dies zu meinem Gedächtnis.« (Lk 22,19)

Wir stellten uns in einer Schlange an, um die Kommunion zu empfangen, und ich war total gespannt. Was, wenn Jesus Leib eklig schmeckte? Einfach ausspucken ging ja wohl nicht.

Als ich an der Reihe war, legte Pastor Ben die Hostie in meine geöffneten Hände und sagte: »Der Leib Christi.«

Ich antwortete mit einem »Amen!« und steckte mir die Oblate vorsichtig in den Mund.

Die Enttäuschung rollte über mich hinweg wie ein Donnerwetter.

Das war es also?

So schmeckte der HERR?

Hm.

Ich war ziemlich ernüchtert, aber eigentlich hätte ich es mir ja denken können. Evas Mama war Vegetarierin und ersetzte totes Tier auch immer durch irgendwelche Sachen, die nach nichts schmeckten. Wenigstens war der HERR nicht aus Tofu.

Nach der Kommunion ging dann alles recht schnell. Es wurden noch zwei oder drei Lieder gesungen, Pastor Ben bedankte sich in unser aller Namen beim HERRN, und schon standen wir laut schwatzend auf dem Kirchenvorplatz, wo meine Verwandtschaft unverzüglich den Sekt auspackte. Wie bereits erwähnt lautet das Rezept für eine gelungene Familienparty bei den Prestenbachs seit jeher: Sekt, Cognac, Riesling oder Bier, Schnaps. Und da es ja schon Mittag war, wurde es höchste Zeit loszulegen.

Nachdem die ersten Plastikbecher geleert waren, galt es, sich von den anderen Kommunikanten zu verabschieden, denn jede Familie feierte für sich allein. Jörg und seine Sippe gingen ins *Fährhaus am Stausee*, das vornehmste Restaurant am Platz. Tante Saskia hatte dort eine Zeit lang beim Spülen geholfen, daher kannte ich den Laden ziemlich gut. Im *Fährhaus* gab es riesige Gemälde, mit edlen Stoffen bespannte Wände, Besteck aus echtem Silber und die tollsten Autos vor der Tür. Nur das Essen, das war so na ja. Auf riesigen Tellern servierten sie dort winzige Portionen, die aber doppelt so viel kosteten wie normales Essen, und für die Speisekarte brauchte man einen Dolmetscher. Da Papa beim Essen satt werden wollte, kam das *Fährhaus* für uns nicht infrage. Wir feierten in den *Klosterbräustuben*, oder wie meine Familie sagt, beim Änni.

Über ihrer Kneipe bewirtschaftete ›dat Änni‹ einen lang gezogenen uralten Saal, in dem wir mit knapp dreißig Freunden und Verwandten Platz fanden. Zum Glück war auch Onkel Paul dabei, der mit einer frisch angezündeten Zigarette zuallererst einmal den Gestank nach abgestandenem Rauch im Raum vertrieb. Als alle Platz genommen hatten, ließ es sich Änni nicht nehmen, höchstpersönlich die Getränkebestellung aufzunehmen. Das gestaltete sich insofern etwas schwierig, als dass

Änni eine ausgewachsene Antonietta Ackermann war, mit dem Kampfgewicht von zwei Sumoringerinnen. Nachdem sie sich die alte Holztreppe zum Saal hinaufgekämpft hatte, ging sie schwer atmend durch die Reihen und notierte unsere Wünsche. Für mich und Jutta gab es zur Feier des Tages eine Cola, für die anderen Gören Apfelsaftschorle.

Unsere Familie war in den letzten Jahren ganz schön gewachsen. Sowohl Tante Hildegard und Onkel Paul als auch Tante Saskia und Onkel Rudolf hatten gleich zweimal Nachwuchs bekommen. Somit hatte ich jetzt zwei Cousinen und zwei Cousins.

Die Getränke brachte Änni dann aber nicht selbst, dafür hatte sie eine Mitarbeiterin abgestellt. Als alle bedient waren, wurde lustig durcheinandergeschwatzt. Selbst Rudolf, Paul und Papa unterhielten sich ziemlich vergnügt miteinander – aber der Tag hatte ja auch gerade erst angefangen.

Kurz nach den Getränken kam der Salat, ein kleines Tellerchen für jeden Gast. »Mehr können wir uns nicht leisten«, scherzte Papa und erntete dafür einen bösen Blick von Mama. Sie hatte ihm am Vortag eingetrichtert, bei der Kommunion auf keinen Fall über Geld zu sprechen, das würde sich nicht gehören. Da Papa sich aber nicht immer alles merken konnte, was Mama ihm auftrug, polterte er weiter: »Nein, Blödsinn, esst und trinkt, so viel ihr wollt, heute zahlt der Ralf.« Er zeigte auf mich. »Bei den vielen Umschläge, die sich bei uns daheim stapeln, ist der jetzt richtig reich.«

Mama versuchte es mit einem Themenwechsel. »Wie findet ihr denn Ralfis Anzug? Den hab ich selbst genäht.«

Das war das Stichwort für meinen Opa. Normalerweise war er ja recht schweigsam, aber einen guten Witz konnte er nicht für sich behalten. »Apropos selbst genäht«, sagte er laut, sodass es alle hören konnten, »kennt ihr den, wo der Jude Herschel zu seinem Schneider geht?« Er verstellte die Stimme. »›Du, Schneider, kannst du mir machen einen Anzug ganz eng? Nicht eine einzige Falte und vorne so, dass man sieht die Genitalien als ein Abdruck?‹« Dann machte er mit einer anderen Stimme weiter: »›Musst du dich nicht sorgen darum, nebbich‹, sagt der Schneider. ›Werd ich dir machen einen Anzug vorn so eng, dass man sieht deine Konfession.‹«

Keiner lachte, aber alle grinsten.

»Was ist denn eine Konfession, Opa?«, fragte ich verwundert, bekam von Mama aber eine Abfuhr.

»Pater Ralf, dafür bist du definitiv noch zu jung.«

Ich bebte und wusste gar nicht, worüber ich mich mehr ärgern sollte. Über den blöden Pater Ralf, oder darüber, dass ich für alle möglichen Dinge angeblich noch zu jung war. Normalerweise ließ ich mich nicht so einfach mundtot machen, aber gerade kam das Essen, und ich hatte riesigen Kohldampf. Serviert wurde, was es im Saal bei Änni immer gab: Schweinelendchen, Kroketten und Buttergemüse. Das Feiertagsessen. Lecker.

Für den Nachmittag hatten Mama und Tante Hildegard Kuchen gebacken, also ging es direkt nach dem Essen zu uns nach Hause. Das ist ein alter rheinländischer

Trick, um wenigstens die Getränkerechnung im Rahmen zu halten. Und ich war gar nicht böse drum, schließlich wartete auf dem Tisch in unserem Wohnzimmer ein großer Berg Überraschungen.

Als Erstes öffnete ich die Umschläge. Nachdem alle aufgerissen und geplündert waren, konnte ich mein Glück kaum fassen. Noch nie zuvor hatte ich so viel Geld in der Hand gehalten. Und das Beste daran: Es gehörte alles mir.

Außer der Kohle gab es eine ganze Reihe anderer Gaben. Dinge, die ich mir gewünscht hatte, Dinge, die mich überraschten, aber auch einige Dinge, die mich wirklich schwer enttäuschten. So wie das Geschenk von den Müllers. Manfred, Hannelore und Sebastian Müller fuhren einen Mercedes und wohnten im größten Haus unserer Straße. Alle Indizien sprachen für zwanzig bis vierzig Mark, aber nicht für ein popliges Fotoalbum, in welchem auf der ersten Seite ein Bild von Familie Müller klebte. Darunter stand in geschwungener Schreibschrift:

Selbst wenn uns tausend Meilen trennen,
wir sind froh, dass wir dich kennen,
denn du gehörst zu den Menschen,
die man nie vergisst,
weil du etwas ganz Besonderes bist...

Von Geld keine Spur. Nicht eine müde Mark. Gar nichts.

Als Mama die Zeilen las, konnte sie sich ein Lachen nicht verkneifen. »Was ist denn das für ein Versmaß?«, prustete sie los. »Von wegen, mehr als tausend Meilen, uns trennen Lichtjahre.« Mama mochte Müllers nicht, vor allem Frau Müller fand sie unerträglich. Im Gespräch mit Papa nannte sie Frau Müller immer nur »die feine Dame«.

Überhaupt hatten Mama und Papa für viele Nachbarn Spitznamen. Zwei Häuser weiter wohnten »Pfennigfuchsers«, schräg gegenüber »Familie Fenstergucker« und am Ende der Straße der »Pfeifenhannes«, ein alter Mann mit einem Vorgarten voller Gartenzwerge und einer Frau, die den ganzen Tag nur am Schimpfen war. Doch niemand war bei Mama und Papa so unbeliebt wie Müllers, und mit dem blöden Fotoalbum hatten sie es sich jetzt auch bei mir verscherzt. Es landete auf dem Stapel, wo auch schon der Stoffdackel von Benders und die Muttergottesschneekugel von meiner Sinzheimer Oma lagen. Bald war wieder Sammlung für Afrika, vielleicht konnten die Kinder dort etwas damit anfangen.

Neben Handtüchern mit meinen Initialen und einem Stapel mehr oder weniger interessanter Bücher gab es auch Geschenke, mit denen ich wirklich etwas anfangen konnte. Wie etwa das ferngesteuerte Boot, die *Drei-Fragezeichen*-Kassetten oder das Schweizer Taschenmesser mit den zwölf Funktionen inklusive Säge, Zahnstocher und Pinzette. Am liebsten wäre ich sofort raus zum Spielen gegangen, aber in meinem Anzug durfte ich das nicht, außerdem gab es noch Kaffee und Kuchen. Tante Hildegard hatte zwei Torten gebacken, und Mama präsentierte ihren berühmten Streuselkuchen. Das war insofern unfair, als dass das Mittagessen gerade erst beendet und die Bäuche immer noch gefüllt waren. Dennoch schoben wir uns rein, was irgendwie Platz fand. Dafür hatte der HERR uns Menschen ja extra noch mit einem Dessertmagen ausgerüstet.

»Christ sein heißt, miteinander zu essen«, hatte Pastor Ben in der Predigt gesagt. Wenn es nur danach ginge, waren wir an diesem Tag Superchristen, aber so einfach war es ja nicht. Mehrere Monate hatte Mama gebraucht, um Stefan, Andreas, Jörg, Uschi, Andrea, Eva und mir die Grundzüge des katholischen Glaubens näherzubringen. Am Ende hatten wir die Eckdaten auswendig lernen und während der Messe gemeinsam vorbeten müssen. Das ging dann so:

»Ich glaube an Gott, den Vater, den Allmächtigen,
den Schöpfer des Himmels und der Erde,
und an Jesus Christus, seinen eingeborenen Sohn,
unsern Herrn,
empfangen durch den Heiligen Geist,
geboren aus der Jungfrau Maria,
gelitten unter Pontius Pilatus,
gekreuzigt, gestorben und begraben,
hinabgestiegen in das Reich des Todes,
am dritten Tag auferstanden von den Toten,
aufgefahren in den Himmel;
er sitzt zur Rechten Gottes, des allmächtigen Vaters;
von dort wird er kommen zu richten die Lebenden
und die Toten.

Ich glaube an den Heiligen Geist,
die heilige katholische Kirche,
Gemeinschaft der Heiligen,
Vergebung der Sünden,
Auferstehung der Toten
und das ewige Leben. Amen.«

Im Großen und Ganzen hatte ich das alles verstanden, nur die Antwort auf die Frage, warum Jesus ein »eingeborener« Sohn war, blieb mir Mama schuldig. Der HERR war doch kein Indianer.

Papa hatte mir einmal erzählt, dass es früher keine Druckmaschinen gegeben habe und man deswegen immer alles von Hand habe abschreiben müssen. Vielleicht hatte sich dabei ein Fehler eingeschlichen – ich wusste es nicht. Aber eigentlich war es ja auch nicht wichtig, Hauptsache, ich kam irgendwann in den Himmel und mir blieb bis dahin Zeit, mit meinen neuen Sachen zu spielen.

Die Frage nach dem eingeborenen Sohn war übrigens nicht die Einzige, bei der Mama nicht weiterwusste. Auch die Geschichte mit der unbefleckten Empfängnis konnte sie uns nicht erklären. Es war Herr Klöckner aus dem zweiten Stock, der mir aufgetragen hatte, Mama mal zu fragen, was damit denn gemeint sei. Doch anstatt uns zu antworten, bekam sie einen hochroten Kopf und sagte mehr zu sich selbst als zu uns: »Wart ab, Erich, das bekommst du zurück.«

Ansonsten war unser Katechismusunterricht aber eine

recht lustige Sache. Wir bastelten und spielten die meiste Zeit, während Mama uns aus der Bibel vorlas. Da gab es viele lustige Geschichten, und manchmal klang es fast wie bei den *Drei Fragezeichen*. Zum Beispiel die Geschichte von Daniel und dem trotteligen König. In dessen Reich betete man zu einem Gott, der jeden Tag einen riesigen Berg Essen verschlang, den man ihm opferte. Und obwohl die Priester und deren Familien dicker und dicker wurden, schöpfte der König keinerlei Verdacht. Im Gegenteil, eines Tages verlangte er auch von Daniel, den gefräßigen Gott zu verehren. Daniel aber glaubte an den HERRN und erzählte dem König, dass es gar keine anderen Götter außer ihm gebe. »Und wer isst dann bitte schön jede Nacht im Tempel diese Unmengen an Leckereien?«, fragte der dämliche König entrüstet. Es war nämlich so, dass man allabendlich das Essen im Tempel einschloss, und am nächsten Morgen war immer alles weg. Da tat Daniel das, was Justus Jonas, der erste Detektiv der *Drei Fragezeichen*, in so einer Situation vermutlich auch getan hätte: Er bestreute den Boden des Tempels mit Mehl und zeigte dem König am nächsten Morgen die vielen Fußspuren, die für einen großen Gott viel zu klein waren. Daraufhin ließ der König seine Priester und deren Familien einen Kopf kürzer machen, und alles war wieder gut.

In der Bibel gibt es viele solcher Geschichten, fast schon zu viele. Das konnte einen manchmal verwirren, vor allem, wenn man nur kurz nachschauen wollte, wie man sich zu verhalten hatte. Der HERR hatte die Bibel vor vielen Jahren als Handbuch für alle Lebenslagen in Auftrag gegeben, aber irgendwann lief das Projekt wohl aus dem Ruder. Unzählige Autoren hatten unzählige Schriften verfasst, und keiner blickte mehr so richtig durch. Nach und nach einigten sich die Kirchenväter darauf, was zur Bibel gehören sollte und was nicht. Nur über die Auslegung wurde weiter gezankt, bis der HERR im Jahre 325 einen Mann namens Konstantin beauftragte, sich der ganzen Geschichte anzunehmen.

Konstantin, frisch bekehrter Christ und Kaiser eines riesigen Reiches, ließ sich das nicht zweimal sagen. In Nicäa trommelte er rund dreihundert Bischöfe zusammen, beendete den Streit um Wesensgleichheit oder Wesensähnlichkeit und klärte gleich noch ein paar andere ganz wichtige Dinge, unter anderem, dass Männer, die sich selbst kastrierten, keine Priester werden durften. Noch heute wird er dafür von der katholischen Kirche als Heiliger verehrt – da spielt es auch keine Rolle, dass er seinen Schwiegervater erhängen, seinen Schwager erwürgen und dessen Sohn totschlagen ließ. Spätestens als er seinen eigenen Sohn und seine Frau ermordete und ihren gesamten Besitz dem Bischof von Rom schenkte, war alles vergeben und vergessen, »denn Gott liebt einen fröhlichen Geber« (2. Kor 9,7).

Und nicht nur der. Auch wir Kommunionkinder mochten fröhliche Geber. Oma und Opa waren mit einhundertfünfzig Mark absolute Spitzenreiter, während Müllers mit ihrem blöden Fotoalbum auf dem letzten Platz landeten. Insgesamt bekam ich sechshundertachtzig Mark, knapp einhundert mehr als Eva und dreihundert weniger als Jörg. Aber das Wichtigste war: Wir hatten alle drei überlebt. Das war ja nicht selbstverständlich, wie das Beispiel der Seligen Imelda zeigt. Sie starb am 13. Mai 1333, unmittelbar nachdem sie die erste heilige Kommunion empfangen hatte. War es eine allergische Reaktion? Oder vielleicht eine Überdosis? Weder Pastor Ben noch meine Mutter konnten mir diese Frage beantworten. Und warum ausgerechnet sie, die ihre erste Kommunion nicht überlebt hat, dann auch noch Patronin aller Kommunionkinder wurde, war mir vollkommen schleierhaft. Bis mir eines Nachts der HERR im Traum erschien. Er saß als Roberto-Blanco-Double auf einer Hollywoodschaukel und schenkte mir ein Blendamed-Lächeln. Dann begann er zu singen, und bei mir fiel endlich der Groschen: »Ein bisschen Spaß muss sein, dann ist die Welt voll Sonnenschein ...«

5. Von großen Kitteln und kleinen Pannen

Wäre ich doch nur früher losgegangen! So aber hatte sich Christian den letzten passenden Messdienerkittel gegriffen, und mir blieben nur noch die XL-Versionen. Tolle Wurst.

Es war der Tag, an dem wir Neulinge der Gemeinde mit einem Gottesdienst vorgestellt wurden. Ein feierlicher Tag. Vier neue Messdiener in wunderschönen Gewändern und ich in einem Zweimannzelt. Und als wäre das nicht schon Schmach genug, stolperte ich auf der Treppe zum Altar über den viel zu langen Umhang und fiel der Länge nach hin.

»Eine Frau soll nicht die Ausrüstung eines Mannes tragen und ein Mann soll kein Frauenkleid anziehen; denn jeder, der das tut, ist dem Herrn, deinem Gott, ein Gräuel«, sagt die Bibel im 5. Buch Mose (22,5) unmissverständlich. Wenn man aber doch mal vom HERRN dazu gezwungen wird, Mädchenklamotten zu tragen, dann sollte man sich wenigstens die passende Größe aussuchen dürfen.

Pastor Ben sah das anders. »Das ist doch kein Rock,

Ralf. Das ist ein Talar. Zusammen mit dem weißen Chorhemd nennt man das ein liturgisches Gewand, und das tragen bei uns Katholiken nur Männer.« Dann zeigte er mir, wie man mit einem viel zu langen Kittel eine Treppe hochgeht. »Bei jeder Stufe den Talar immer schön anheben.«

Wieder einmal war ich froh, im Unterdorf geboren worden zu sein. Hätten meine Eltern nur knappe einhundert Meter weiter oben gebaut, müssten wir jeden Sonntag zu Pastor Knichel in die Messe. Und der hätte mich nach meinem Sturz wahrscheinlich sogar noch ausgeschimpft. Überhaupt war im Oberdorf vieles anders. Während es bei uns den Talar nur in Schwarz gab und dann noch nicht einmal in ausreichender Menge, hatten die Oberdörfler jede Menge Talare in Rot und in Schwarz. Ihre Kirche besaß einen großen goldenen Altar und riesige wertvolle Gemälde. Überall funkelte und glänzte es. Wahrscheinlich stammte das ganze Zeug noch aus der Zeit des Ablasshandels, denn die Kirche im Oberdorf war schon uralt. Und wenn die Leute damals nur halb so fies gewesen waren, wie ihre dumpfbackigen Kindeskinder heute, dann war das schmucke Gotteshaus kein Wunder.

Schon allein wegen der Oberdörfler fand ich rote Kittel doof. Und das Wort Talar sowieso. Das Ding hieß bei uns Messdienerkittel, das war wieder so eine alte rheinländische Tradition. Arztkittel, Handwerkerkittel, Laborkittel – praktisch alles, was man im Rheinland zur Arbeit anzieht, ist ein Kittel. Nicht zu vergessen die gute alte

Kittelschürze. Während all diese Gewandungen dazu dienen, die darunter versteckte Kleidung bei der Arbeit nicht schmutzig zu machen, hatte unsere Messdienertracht eine rein optische Funktion. Tieropfer hatte der HERR ja schon vor längerer Zeit abgeschafft, und das Blut Christi wurde auch nur symbolisch vergossen. Der einzige Dreck, der uns bei unserer Arbeit hin und wieder begegnete, war der Matsch auf dem Friedhof. Doch gegen den half auch unser Outfit nicht, egal wie man es nannte.

Dennoch war der Messdienerkittel etwas ganz Besonderes. Er war unsere Uniform, die uns von gewöhnlichen Sterblichen unterschied. Wir waren die Diener des HERRN und durften während der Messe sogar an seinem Tisch Platz nehmen. Mehr noch, wir waren seine Soldaten und trugen bei Prozessionen seine Insignien. Dafür wurden wir sogar richtig geschult.

Bevor ich das erste Mal dienen durfte, hatte ich bereits eine dreimonatige Grundausbildung hinter mir. Mein Gruppenleiter hieß Albert und war schon seit sechs Jahren bei der Truppe. Er war klein, kräftig und regte sich fast nie auf, egal wie wild wir auch tobten. Wenn es ihm doch einmal zu viel wurde, bestach er uns einfach mit Süßigkeiten. »So, Jungs, ich hab hier eine Tüte Weingummi, und wenn ihr jetzt wieder vernünftig werdet, machen wir die zusammen platt.« Das zog immer.

Wir trafen uns im Keller des Pfarrhauses, jeden Mittwochnachmittag um fünf. Wir, das waren Christian, Lukas, Stefan, Tommi und ich. Christian kannte ich am längsten, er war der Sohn meiner Kindergartentante und hatte ihr Temperament geerbt. Manchmal genügte schon ein einziges Wort, um ihn an die Decke gehen zu lassen. Lukas hingegen war eher schüchtern, ein dünner Riese mit lockigem Haar und einer seltenen Krankheit, die ihn zum andauernden Blinzeln zwang. Er brauchte eine Weile, bis er auftaute, aber seitdem war er ein richtig guter Kumpel. Auch mit Stefan kam ich mittlerweile ganz gut klar, obwohl man ihm alles immer dreimal erklären musste. Mit Tommi war es anfangs genauso gewesen, aber bei ihm hatte das andere Gründe gehabt. Tommi kam aus Bayern und war mit seinen Eltern erst vor Kurzem in unsere Straße gezogen. Als ich ihn kennenlernte, wusste er noch nicht einmal, dass er jetzt in »Kowelenz« wohnte.

Albert nannte uns »die glorreichen Fünf«, was uns mit einem gewissen Stolz erfüllte. In der Gruppenstunde brachte er uns alles bei, was wir über den Dienst am HERRN wissen mussten. Am Anfang waren das vor allem Abläufe und Handgriffe. Wir lernten, wie man würdevoll in die Kirche einzog, wo man sich verbeugte, wo man kniete und was es während der Messe alles zu tun gab. Nachdem wir das alles mehr oder weniger draufhatten, gab er grünes Licht für unseren ersten Gottesdienst. Bei der Aufstellung in der Sakristei versuchte Pastor Ben uns zu beruhigen, aber das half nicht. Wir waren höllisch aufgeregt, sofern man das in diesem Zusammenhang überhaupt sagen darf.

Albert ging beim Einzug zusammen mit Christian vorneweg, dann folgten Tommi und Lukas, dahinter Stefan und ich. Rechts neben der Sakristeitür hing die Klingel, mit der wir der Gemeinde signalisierten: »Achtung, jetzt geht's los!« Natürlich hatten wir auch das Klingeln geübt. Christian verkackte es trotzdem. Erst zog er so zaghaft, dass man gar nichts hörte, und als er es dann noch mal versuchte, riss er fast die ganze Klingel aus der Wand. Immerhin waren jetzt alle wach.

Von der Sakristeitür bis zur Kirchenmitte waren es knapp zehn Meter. Dort angekommen, knieten wir zu zweit kurz nieder, um dann ein paar Stufen weiter zu unseren Plätzen neben dem Altar zu gehen. Dass ich dabei über meine eigenen Füße stolperte und mich der Länge nach hinlegte, war mir total peinlich. Pastor Ben half mir auf die Beine und fragte leise, ob ich mir wehgetan hätte. Mein Knie schmerzte fürchterlich, aber ich biss die Zähne zusammen, schüttelte den Kopf und humpelte zu meinem Platz, wo mich der glorreiche Rest schon grinsend erwartete.

Als Pastor Ben sich hinsetzte, taten wir es ihm nach. Es ratterte kurz, dann zeigte der kleine Kasten links neben dem Altar die Ziffern 624. Als ich noch jünger war, dachte ich immer, dass der HERR persönlich die Lieder auswählte, doch mittlerweile wusste ich, dass er auch diese Arbeit lieber anderen überließ. Pastor Ben war für die Auswahl zuständig, und das Hähnchen, wie wir unsere Organistin nannten, drückte die Liednummern in das Anzeigegerät. Dass sie sich dabei oft vertippte, sorgte regelmäßig für Blätterrascheln und Verwirrung, doch diesmal stimmten Lied und Nummer überein. Die Orgel ertönte, und alle begannen zu singen: »Wohl denen, die da wandeln vor Gott in Heiligkeit …«

Vom Altar aus sah man ganz genau, wer mitsang und wer nicht. Das Dumme war nur, dass auch uns alle sehen konnten. Dem HERRN gefiel es, wenn Menschen für ihn sangen, trotzdem hatte er das Talent dazu nur einigen in die Wiege gelegt. Mir leider nicht. Mein Gesang erinnerte an einen leiernden Kassettenrekorder, und das wollte ich niemandem antun, weder dem HERRN noch Pastor Ben noch meinen Messdienerkollegen. Also half nur eins: professionelles Playback. Ich öffnete und schloss den Mund synchron zu meinen Mitstreitern, sang voller Inbrunst und mit ergriffenem Gesichtsausdruck, ohne dass auch nur ein einziger Ton über meine Lippen gekommen wäre.

Noch nicht einmal Mama bemerkte meinen Trick. Nach der Messe lobte sie mich sogar dafür, wie schön ich mitgesungen hätte. Natürlich waren sie und der Rest der Sippschaft bei meiner Premiere als Messdiener dabei, und alle saßen in der ersten Reihe. Papa zwinkerte mir während der Messe immer wieder zu, als hätte er einen spastischen Anfall. Mann, war das peinlich.

Als das Lied zu Ende war, erhoben wir uns, und Pastor Ben sprach das Kyrie eleison: »Herr, erbarme dich, Christus erbarme dich, Herr erbarme dich.« Dann kamen das Gloria, die Lesung und die Verkündung des Evangeliums, und als wir alles hinter uns hatten, wurde wieder gesungen.

Anschließend sprach Pastor Ben die Predigt. Auch das war anders als im Oberdorf. Die Kanzelrede selbst kam zwar an der gleichen Stelle im Gottesdienst, aber die Sachen, die Pastor Knichel im Oberdorf erzählte, regten vor allem Papa auf, wenn er davon mitbekam. »Dieser erzkonservative Sack«, hörte ich ihn eines Tages zu Mama sagen, »kein Wunder, dass dein rechtsverdrehender Schwager lieber zum Knichel geht als zu unserem Ben.« Ich verstand damals nicht wirklich, was er damit meinte, aber Onkel Paul ging tatsächlich immer im Oberdorf in die Kirche, obwohl er genau wie wir im Unterdorf wohnte.

Mir jedenfalls war Pastor Ben lieber, auch wenn er mir diesmal ein bisschen Angst machte, als er gegen Ende seiner Predigt sagte: »Möge der HERR diese fünf auf ihrem Weg begleiten. Genau wie damals die Apostel. Schenke er ihnen Mut und Kraft, seinem Ruf zu folgen.«

O weia. Ich wollte eigentlich nur Messdiener werden, von Apostel war nie die Rede gewesen. Das war eine ganz andere Liga. Alle Apostel hatten ihre Familien verlassen müssen und waren mit Jesus kreuz und quer durchs Land gezogen. Mehr als die Hälfte von ihnen war irgendwann abgemurkst worden, genau genommen war sogar nur einer eines natürlichen Todes gestorben. Okay, es war eine andere Zeit gewesen, aber trotzdem wollte ich mit dem Job als Apostel nichts zu tun haben.

Nach dem Ende der Predigt kamen noch ein Lied, das gemeinsame Glaubensbekenntnis, dann die Action. Der Anfang eines Gottesdienstes war für uns Messdiener immer recht langweilig. Kyrie eleison, Gloria, Evangelium und Predigt besorgte Pastor Ben, die Lesung unsere Küsterin oder ein Lektor. Spannend wurde es erst zur Opferung.

Unsere Aufgaben hatte Albert gerecht verteilt. Er war mit Stefan für die Waschung von Pastor Bens Händen zuständig, und Lukas durfte den Gong schlagen. Christian hatte seinen Auftritt ja schon mit der Klingel gehabt. Tommi und ich waren für die Kollekte eingeteilt. Während jeder Messe sammelten wir Messdiener Geld für die Armen, dafür hatten wir den Klingelbeutel. Das war ein kleiner Holzring, unter dem ein Säckchen aus rotem Samt das Geld einfing. Am Ring selbst war je links und rechts ein länglicher Griff befestigt, sodass man den Klingelbeutel wie einen Staffelstab weiterreichen konnte. Das Säckchen war nicht riesig, aber doch groß genug, dass die Münzen beim Reinfallen ein schönes Geräusch machten. In unserer Gemeinde hatten wir gleich sechs Stück von den Dingern, aber meistens benutzten wir nur drei.

Albert hatte uns vor der Messe erklärt, wie wir vorzugehen hatten. Tommi nahm sich die linke Seite der Bankreihen vor, gab den Beutel in der ersten Bank ab und blieb dann so lange mit dem Gesicht Richtung Altar dort stehen, bis der Beutel am Ende der Reihe in die zweite Bank gereicht wurde. Das war für ihn das Signal, einen Schritt zurückzugehen. Ich selbst gab einen Klingelbeutel auf der rechten Seite ab, während ich mit einem zweiten auf die Empore lief.

Es war interessant zu sehen, wie unterschiedlich die

Menschen ihr Geld in den Beutel warfen. Manche versteckten die Münzen in der geschlossenen Hand und ließen sie, geschützt vor fremden Blicken, hineinfallen, andere hielten sie zwischen Daumen und Zeigefinger, damit die Sitznachbarn sehen konnten, wie viel sie hineintaten. Die Faustspender gaben meist nur Kleingeld, die Fingerspender große Münzen und Scheine. Und dann gab es noch die, die nichts gaben. Ich unterschied zwischen den Vergesslichen und den Verweigerern. Ersteren stand die Peinlichkeit ins Gesicht geschrieben, Letzteren ein »Von mir bekommt ihr gar nichts«.

Als ich mit der Empore fertig war, ging ich zurück zu den Bänken und tat es Tommi nach. Klingelbeutel in Empfang nehmen, einen Schritt nach hinten gehen und dem Ersten in der Bank in die Hand drücken, dann warten, bis der Sack am Ende der Reihe in die nächste Bank wechselt, wieder einen Schritt rückwärtsgehen. Das war wie ein kleines Wettrennen zwischen Tommi und mir. Er gewann, musste aber warten, bis auch meine Seite fertig war. Dann gingen wir gemeinsam nach vorn, machten wie gewohnt einen Knicks und legten die Beutel zurück an ihren Platz.

Jetzt war Lukas dran. Vor seinem Platz stand ein großer Gong, daneben lag auf einem kleinen Kissen ein Hammer aus Holz. Lukas' Aufgabe war es, den Höhepunkt der Messe mit einem Gongschlag anzuzeigen, genau dann, wenn Pastor Ben sagte: »Der Leib Christi.« Die Schwierigkeit bestand darin, genau auf den Rand zu schlagen, denn nur dort gab es einen satten lauten Ton.

Danach musste er mit derselben Stärke noch einmal den Punkt treffen, wenn Pastor Ben etwas später verkündete: »Das Blut Christi.«

Lukas machte es perfekt. Zum Leidwesen von Christian und mir, denn somit war klar, dass der Spott an uns beiden hängen blieb – ich war hingefallen, Christian hatte das Klingeln der Glocke verkackt. Andererseits freuten wir uns auch, denn im Großen und Ganzen hatten wir – die glorreichen Fünf – unsere Aufgabe gut erfüllt. Sowohl Albert als auch Pastor Ben lobten uns nach der Messe in den Himmel, und auch dem HERRN hatte unsere Leistung gefallen, da war ich mir sicher.

In den folgenden Wochen lernten wir in der Gruppenstunde Messdienen für Fortgeschrittene. Dazu zählten der Umgang mit dem Weihrauchfass und die Aufgaben bei den großen Messen an Ostern und Weihnachten. Jedes Wochenende hatten wir Dienst, zusammen mit den Messdienern, die schon länger dabei waren. Ob wir samstagsabends um sechs, sonntagsmorgens um neun oder am selben Tag um elf an der Reihe waren, bestimmte ein Plan, den Obermessdiener Thilo schrieb.

Thilo war genauso alt wie Albert, aber lange nicht so sympathisch. Genau genommen war er ein richtiger Kotzbrocken mit einem Gesicht voller Aknepusteln und Brillengläsern so dick wie Flaschenböden. Wenn man Thilo darum bat, am Samstagabend eingeteilt zu werden, konnte man sicher sein, sonntags um neun auf dem Dienstplan zu stehen. Ich brauchte einige Wochen, bis ich diesen Zusammenhang verstand, dann kam ich damit klar und gab bei meinen Wunschterminen immer falsche Daten an. Trotzdem mochte ich Thilo nicht, und je länger ich bei der Truppe war, desto häufiger legte ich mich mit ihm an.

Der vorläufige Höhepunkt unseres Kräftemessens war jener Samstagabend, an dem wir zu dritt die Messe bestreiten sollten, Thilo, Sebastian und ich. Schon in der Sakristei ging der Ärger los. Thilo bestimmte, dass er und Sebastian alle Aufgaben erledigen würden, schließlich sei ich noch zu klein und zu unerfahren.

»›Auf dem Bauch sollst du kriechen und Staub fressen alle Tage deines Lebens‹«, (1. Mos 3,14) grummelte ich vor mich hin.

Als er mich fragte, was ich da in meinen nicht vorhandenen Bart geflüstert hatte, antwortete ich: »Jemand wie du dürfte eigentlich gar kein Messdiener sein.«

»Ach ja? Und warum nicht, du Dreikäsehoch?«

»Weil das in der Bibel steht, du Blödmann. Kannst du im 3. Buch Moses, Kapitel 21, Vers 16 bis 18 nachlesen. Da steht: ›Der Herr sprach zu Mose: Keiner deiner Nachkommen, auch in den kommenden Generationen, der ein Gebrechen hat, darf herantreten, um die Speise seines Gottes darzubringen. Denn keiner mit einem Gebrechen darf herantreten: kein Blinder oder Lahmer, kein im Gesicht oder am Körper Entstellter.‹ Merkst du was?«

Thilo kochte vor Wut, packte mich am Kragen und wollte mir gerade eine scheuern, als der HERR mir zu Hilfe eilte, indem er Pastor Ben schickte.

»Was ist denn hier los? Thilo! Sag mal, spinnst du?«

Noch nie zuvor hatte ich den Pastor so böse gesehen. »Das ist das Haus des HERRN, da wird nicht gestritten, und erst recht nicht geprügelt.«

Thilo versuchte sich herauszureden, aber Pastor Ben wollte nichts davon hören. »Entweder du entschuldigst dich sofort bei Ralf, oder du gehst nach Hause.«

Mein pickelübersäter Widersacher wählte Option zwei, und von diesem Tag an hatte ich meinen ersten Feind. Aber das machte mir nichts aus, denn plötzlich hatte ich auch eine ganze Menge Bewunderer. Selbst Albert fragte mich kurz darauf, wie mir denn ausgerechnet diese Bibelstelle eingefallen wäre.

»Ich lese gerne«, gab ich bescheiden zur Antwort.

Das aber war nur die halbe Wahrheit. Das kleine Heft, in dem ich mir die besonders interessanten Stellen der Bibel notierte, um sie in Momenten wie diesem zitieren zu können, blieb mein Geheimnis. Vor allem meiner Schwester gab ich auf diese Weise immer wieder Nachhilfe in katholischer Theologie. Ich zitierte beispielsweise aus dem Buch Jesus Sirach, Kapitel 25, Vers 24: »Von einer Frau nahm die Sünde ihren Anfang, ihretwegen müssen wir alle sterben.« Oder ich machte ihr klar, dass sie sich besser niemals vermehren würde: »Wohl dem, der deine Kinder packt und sie am Felsen zerschmettert.« (Ps 137,9) Diese kleinen Neckereien machten mir so viel Spaß, dass ich fast jeden Abend in der Bibel stöberte und mein kleines Heftchen vor lauter Zitaten schon bald aus allen Nähten platzte. Nur Jutta fand mich nicht lustig. Man kann halt nicht alles haben.

6.

Im Zeltlager
der Glaubenskrieger

Thilo nahm kein halbes Jahr nach unserer Auseinandersetzung seinen Hut. Wir, die glorreichen Fünf, schossen uns nach unserem Zusammenprall auf ihn ein, und dem Dauerbeschuss hielt er nicht stand. Bis Pfingsten legten wir ihm immer wieder Kaugummis unter den Hintern, versteckten seinen Kittel und tauschten die Dienste, ohne dass wir es vorher mit ihm absprachen. Dann kam das Zeltlager, das gab ihm den Rest.

Albert blieben unsere kleinen Streiche natürlich nicht verborgen. Als Gruppenleiter hatte er den Auftrag, uns im rechten Glauben zu erziehen, doch das war leichter gesagt als getan. Außerdem schien ihm das viel zu anstrengend. Er las uns zwar manchmal aus der Bibel vor, aber meistens trafen wir uns nur zum Spielen und Quatschen. Nur einmal nahm er uns wirklich ins Gebet. »Was glaubt ihr, meint Jesus, wenn er sagt, du sollst deinen Nächsten lieben?«, fragte er uns direkt nach der kurzen Andacht, mit der wir unsere Gruppenstunden immer begannen. Eine halbe Stunde zuvor hatten wir ein Stück Klarsichtfolie über die Kloschüssel gespannt. Thilo war uns voll auf den Leim gegangen und hatte sich mehr oder weniger von oben bis unten vollgepinkelt. Natürlich war Albert nicht von gestern, er wusste, dass wir dahintersteckten.

Wir merkten sofort, dass wir aufgeflogen waren und Alberts Frage vermutlich eher rhetorischer Natur war. Also schwiegen wir betreten. Nur Stefan hatte den Schuss mal wieder nicht gehört und blödelte herum: »Vielleicht meint Jesus, dass wir uns alle küssen sollen.«

Albert wurde daraufhin ungewöhnlich laut. »Noch so eine Bemerkung, und du kannst heimgehen!«, donnerte er.

Stefan guckte wie ein begossener Pudel, überlegte kurz und versuchte es dann noch einmal: »Dass wir anderen helfen sollen, vielleicht?«

»Schon besser«, antwortete Albert, war damit aber immer noch nicht zufrieden.

»Und dass wir anderen keinen Schaden zufügen sollen«, ergänzte Tommi, der wohl schon ahnte, worauf Albert hinauswollte.

Tommi und ich hatten Thilo am Sonntag schon einen Reißnagel auf den Stuhl gelegt, in den er sich prompt reingesetzt hatte.

»Richtig«, sagte Albert. »Jesus sagt, dass dies für alle Menschen gilt, also für unsere Freunde wie für unsere Feinde. Ich weiß, dass Thilo euch nicht immer gerecht behandelt, aber so etwas wie heute will ich nicht noch einmal erleben. Kann ich mich auf euch verlassen?«

Wir versprachen es ihm, und er entspannte sich wieder. »Wisst ihr, eigentlich ist Thilo ganz nett, sonst wäre er ja auch nicht Obermessdiener geworden. In letzter Zeit ist er vielleicht ein bisschen ungerecht, aber er hat ja auch genug Probleme.« Welche Probleme das waren, musste Albert gar nicht sagen. Die Vulkane aus Blut und Eiter in Thilos Gesicht sprachen Bände.

Später, auf unserem Nachhauseweg, fragte Tommi mich, ob die Regel der Nächstenliebe eigentlich auch für Thilo gelten würde.

»Klar, warum?«, antwortete ich.

Worauf Tommi mit einem breiten Grinsen erwiderte: »Na, dann hätte er uns am Sonntag doch eigentlich auch noch die andere Arschbacke hinhalten müssen, oder?«

In der darauffolgenden Woche hatten wir die Standpauke fast schon wieder vergessen, aber Albert erinnerte uns noch einmal daran. Irgendwie ließ ihn das Thema nicht los.

»Ihr wisst ja, dass wir letzte Woche über Nächstenliebe gesprochen haben. Es gab da mal einen Mann namens Pestalozzi, der sagte: ›Gott ist nahe, wo die Menschen einander Liebe zeigen.‹ Und um Gott nahe zu sein, sind wir doch Messdiener geworden, oder? Was meint ihr, schafft ihr es, Thilo gegenüber Liebe zu zeigen? Und wie könnte die aussehen?«

Stefan wollte gerade wieder einen dummen Kommentar loslassen, als Tommi ihn mit einem saftigen Tritt auf den Fuß stoppte und gleichzeitig mit einem Kopfschütteln zu verstehen gab, dass er jetzt besser den Mund halten sollte. Aber Stefan verstand mal wieder gar nichts, glotzte nur doof Tommi an und sagte vorwurfsvoll: »Aua.«

Glücklicherweise war Christian zur Stelle. »Wir könnten ihm einen Kuchen backen«, schlug er vor. »Oder ihn ins Kino einladen.«

Wie bitte? Ich traute meinen Ohren nicht. Nur um bei Albert gut Wetter zu machen, dachte sich Christian die bescheuertsten Sachen aus. Zum Glück ging das sogar Albert zu weit.

»Na ja, das könntet ihr schon machen, aber das wäre vielleicht ein bisschen viel. Was meinen denn die anderen?«

Die anderen meinten, dass Christian für seine Schleimerei eigentlich Schläge verdient hätte, trauten sich das aber nicht laut zu sagen. Stattdessen meldete sich Lukas mit dem Vorschlag, wir könnten versuchen, Thilo nicht mehr zu widersprechen und ihm gegenüber netter zu sein.

»Prima, Lukas, das wäre doch eine Idee. Und? Meint ihr, dass ihr das schafft?«

Ganz klar: nein. Dennoch nickten wir brav und taten ganz unschuldig. Damit hatte sich das Thema Thilo in unserer Gruppenstunde für alle Zeit erledigt. Denn wie sich bald herausstellte, war die Sache mit der Freundlichkeit gar nicht so verkehrt – wenn auch sicher ganz anders, als von Albert beabsichtigt. Obwohl wir uns anfangs wirklich Mühe gaben, nahm Thilo uns den plötzlichen Sinneswandel nicht ab. Je freundlicher wir zu ihm wurden, desto mehr schien er sich zu ärgern. Eine hervorragende Möglichkeit, stets eine weiße Weste zu haben und ihm trotzdem tierisch auf die Nüsse zu gehen. Netter Nebeneffekt: Wir hatten ein reines Gewissen, und Albert hielt uns für Musterschüler.

An Pfingsten ging es dann endlich ins Lager. Im letzten Jahr war dieses Abenteuer wegen Dauerregen buchstäblich ins Wasser gefallen, aber diesmal hatten wir strahlenden Sonnenschein. Mit insgesamt dreiundzwanzig Messdienern machten wir uns auf den Weg zur Elz, einem kleinen Bächlein, das sich in den letzten Jahrmillionen eine tiefe Schlucht in das harte Gestein der Eifel gegraben hatte. Dort errichteten wir auf einer Lichtung sechs Zelte, allesamt im gebührenden Abstand rund um die Feuerstelle. Das Küchenzelt stellten wir etwas abseits, daneben vier Biertische, an denen wir uns dreimal am Tag zum Essen versammelten.

Albert hatte uns gut auf das Pfingstlager vorbereitet, seine Tricks und Kniffe für das Überleben in freier Wildbahn waren monatelang Thema in unserer Gruppenstunde gewesen. Durch ihn wussten wir auch, wie spannend die Nachtwache war, also drängten wir darauf, gleich die erste übernehmen zu dürfen. Aufgabe der Nachtwache war es, auf das Feuer aufzupassen und immer ein Auge auf das Küchenzelt zu haben. Keine zwei Kilometer entfernt campierten nämlich die Dumpfbacken aus dem Oberdorf, und mittlerweile war es Tradition, dass man sich gegenseitig überfiel und die Vorräte klaute. Auch das wussten wir von Albert. Da aber keiner damit rechnete, dass das Gesindel schon in der ersten Nacht kommen würde, überließen uns die Großen gern die erste Schicht und widmeten sich selbst dem Entleeren etlicher Bierflaschen. Gegen zwei Uhr morgens wankten sie zufrieden in ihre Zelte, und wir waren endlich allein. Später wollten wir uns mit der Wache abwechseln, aber jetzt gab es erst einmal etwas zu erledigen.

Oberhalb unseres Lagers verlief ein kleiner Weg, neben dem Waldarbeiter Baumstämme aufgestapelt hatten. Wir suchten uns den kleinsten vom Stapel heraus und begannen mit vereinten Kräften, an ihm herumzusägen. Zehn Minuten später gab Christian das Zeichen zum Aufhören. Er begutachtete den Schnitt durch den halben Stamm und war sichtlich zufrieden. »So müsste es gehen«, flüsterte er uns grinsend zu.

Wir vertrauten ihm, schließlich war das Ganze seine Idee gewesen. Oder genauer gesagt, die Idee seines großen Bruders, der früher auch einmal Messdiener gewesen war. In gewisser Weise halfen wir Christian also dabei, eine alte Familientradition aufrechtzuerhalten.

Wir schleppten den Stamm bis zum Ende des kleinen Trampelpfads, der von unserem Lager aus knapp dreißig Meter weit in den Wald führte. Nach weiteren zwanzig Minuten hatten wir auch hier alles erledigt und gingen voller Vorfreude zurück zum Feuer. Tommi und Lukas übernahmen die erste Wache, Christian, Stefan und ich die letzte.

Um halb fünf weckte uns Tommi. Er und Lukas legten sich schlafen, während wir anderen uns müde ans Feuer setzten, die Flammen beobachteten und dem Schnarch-konzert unserer Kollegen lauschten. Gegen sieben kam dann endlich Leben ins Lager. Das Geschnorchel ver-stummte, die Zelte wurden geöffnet, und die ersten aus unserer Truppe liefen zur Katzenwäsche an den Bach. Einer jedoch nahm den Pfad in den Wald, und als wir sahen, wer dort gerade in unsere Falle lief, konnten wir unser Glück kaum glauben. »Jubeln sollen alle Bäume des Waldes vor dem HERRN, wenn er kommt, um die Erde zu richten.« (1. Chr 16,33)

Zwei Minuten später hörten wir ein dumpfes Krachen, gefolgt von einem gellenden Schrei. Christian flüsterte: »Es ist vollbracht«, woraufhin wir alle Mühe hatten, nicht laut loszulachen. Jetzt bloß nichts anmerken lassen.

Als Thilo zurück ins Lager gehumpelt kam, hatte er überall braune Flecken an seiner Kleidung, einen hoch-roten Kopf und stank wie Scheiße. Wortwörtlich. Wir hatten mit unserem präparierten Stamm den Donner-balken ersetzt, auf dem wir im Lager immer unser großes Geschäft verrichteten. Der angesägte Stamm hatte unter Thilos Gewicht nachgegeben, woraufhin dieser in die da-runterliegende Jauchegrube gekracht war.

Natürlich gab das Ärger. Nach einem ausgiebigen Bad im Bach sah sich Thilo die Unfallstelle noch ein-mal genau an. Er fand die Sägespuren am Ast und stellte kurz darauf die versammelte Messdienerschaft zur Rede. Mich verdächtigte Thilo als Erstes, obwohl er mir so viel handwerkliches Geschick eigentlich gar nicht zutraute, wie er gehässig in meine Richtung spie. »Ralf, ihr hattet Nachtwache, also wisst ihr, wer das war«, brüllte er mich an.

In Gedanken beim Buch der Klagelieder, Kapitel 3, Vers 26 (»Gut ist es, schweigend zu harren auf die Hilfe des Herrn«), schaute ich ernst und sagte nichts. Die anderen auch nicht, woraufhin Thilo komplett ausrastete. Er hätte die Schnauze gestrichen voll, und wir alle könnten ihn sonst wo lecken, gern auch kreuzweise. Sein Problem war, dass er nicht herausfinden würde, wer ihm den Streich gespielt hatte, da er praktisch mit jedem im Lager schon mal Ärger gehabt hatte und sich alle insgeheim über unseren Anschlag freuten – auch wenn er theoretisch sie selbst hätte treffen können. Drei Stunden später machte sich Thilo mit seinem Rucksack auf den Weg ins nächste Dorf und wurde von da an nie wieder gesehen.

Albert ahnte natürlich, wer hinter Thilos »Unfall« steckte, machte aber keinerlei Anstalten, uns deswegen zur Rechenschaft zu ziehen. Im Gegenteil: Thilo war weg, und auch unser Gruppenleiter schien irgendwie erleichtert. Unter seinem Kommando ging das Zeltlager planmäßig weiter, und schon in der zweiten Nacht kamen die Deppen aus dem Oberdorf. Sie schlichen sich bis auf zehn Meter an uns heran, übersahen zum Glück aber den Draht, den wir rund um unser Lager gespannt hatten. Dieser war mit einem kleinen Glöckchen verbunden und gab der Nachtwache das Signal, die Sirene zu starten. Unsere hoch professionelle Ausrüstung verdankten wir Alberts Vater, der bei der Bundeswehr arbeitete. Albert war es dann auch, der als Erster beim Küchenzelt war, während sein Nachtwachenkollege Sven die Sirene betätigte.

Die Oberdörfler hingegen hatten einen Papa bei der Feuerwehr, der die Dumpfbacken mit Rauchbomben ausgestattet hatte. Nachdem sie zwei von den Dingern in unser Lager geworfen hatten, konnte man für einige Minuten noch nicht einmal die eigene Hand vor Augen sehen. Doch das konnte die glorreichen Fünf nicht stoppen – wir schälten uns aus den Schlafsäcken und rannten einfach drauflos.

Lukas fiel schon nach wenigen Metern der Länge nach hin. Tommi stolperte über Lukas, und Stefan über alle beide. Da der kräftige Wind den Nebel rasch wegwehte, konnten Christian und ich ausweichen. Wir hechteten am Messdienersandwich vorbei, kamen am Küchenzelt an und sahen Albert auf dem Boden liegen. Über ihm kniete ein riesiger Typ mit langem Haar und hielt ihm den Mund zu, während die anderen Oberdörfler hektisch unsere Vorräte durchsuchten.

Christian und ich stürzten uns auf den Riesen, zogen ihn an den Haaren und schrien dabei, so laut wir konnten: »Alarm! Hier im Küchenzelt!«

Als das Pack flüchten wollte, wurde der Riese durch die menschliche Barriere von Lukas, Stefan und Tommi gestoppt. Mittlerweile waren auch die Großen eingetroffen und kümmerten sich um unseren Gefangenen. Sie fesselten ihm die Hände auf dem Rücken und machten sich nach allen Regeln der Kunst über ihn lustig:

»So blöd muss man erst einmal sein, dass man sich von Frischlingen einfangen lässt. Tja, so sind sie, die Oberdörfler, zu blöd zum Kacken.«

Jens, so hieß der langhaarige Bombenleger, verlangte, dass man ihn laufen ließe, aber den Gefallen tat ihm keiner. Stattdessen banden wir ihn an den nächsten Baum, klopften uns gegenseitig auf die Schulter und gratulierten uns zu unserem mutigen Eingreifen.

»Das war echte Männerarbeit«, bescheinigte uns Albert. »Nach der Aufregung trinken wir jetzt erst mal ein Bier – und zwar alle, Jungs. Was meint ihr?«

Wir strahlten und fühlten uns mit unseren zehn Jahren schon richtig erwachsen. Mit der Ermahnung, ja nichts unseren Eltern zu erzählen, drückte er jedem von uns ein Stubbi in die Hand. Es war ein ausgelassenes Fest, wir Kleinen waren plötzlich echte Helden, und obwohl es bereits weit nach Mitternacht war, saßen wir noch über eine Stunde gemeinsam am Feuer und feierten unseren Triumph. Ein bisschen erinnerte die Szene an Asterix und Obelix, nur dass die gebratenen Wildschweine fehlten und der Typ am Baum keine Harfe in der Hand hielt.

Am nächsten Morgen, als wir erwachten, war Jens längst über alle Berge, und die glorreichen Fünf hatten ihren ersten kleinen Kater.

»Fühlt sich an wie eine Erkältung, nur ohne Husten und Schnupfen«, gab Tommi zu Protokoll.

Wir saßen auf unseren Luftmatratzen und versuchten

einigermaßen klarzukommen. Albert hatte uns gerade geweckt und gesagt, dass es in einer halben Stunde Frühstück gebe.

»Ich hab Grippetabletten. Will jemand eine?«, fragte Tommi in die Runde und hielt uns eine Handvoll kleiner weißer Kügelchen hin. »Die sind homöopathisch.«

»Schwule Tabletten? So was gibt's?«, fragte Stefan kopfschüttelnd.

»Ne, nicht homo. *Homöo*, du Hornochse! Das sind Tabletten, die vollkommen ungefährlich sind, weil sie tausendmal verdünnt wurden.«

»Und was sollen die dann bringen?«, wollte ich von Tommi wissen.

»Das musst du meinen Alten fragen, der hat mir das erklärt. Aber es ist ziemlich kompliziert.«

Tommis Vater war Gynäkologe, also so etwas Ähnliches wie ein Arzt. Oder um es mit Tommis Worten auszudrücken: »Papa ist Höhlenforscher. Der schaut den Frauen unten rein und macht sie wieder gesund, wenn irgendetwas nicht stimmt.«

Wir waren uns damals, als Tommi uns davon erzählt hatte, einig gewesen, dass der Job seines Vaters ziemlich eklig sein musste, fanden das Thema aber dennoch spannend.

Christian war der Erste, der nachhakte. »Und was kann da unten nicht stimmen?«

»Alles Mögliche«, antwortete Tommi weltmännisch. »Manchmal laufen die Frauen zum Beispiel aus, und dann muss mein Papa sie zustopfen.«

»Wie zustopfen? Mit der Hand, oder was?«, fragte Christian sichtlich angewidert.

»Blödsinn«, meldete sich Stefan zu Wort. »Meine Mama läuft auch manchmal aus, aber die stopft sich das dann immer selbst. Mit Tampons. Da braucht man gar keinen Arzt für.«

»Das meine ich ja auch gar nicht«, entgegnete Tommi, der sich über unsere Dummheit langsam aufzuregen schien. »Das sind die Monatsblutungen, und die hat jede Frau. Deswegen geht man nicht zum Arzt. Aber manchmal haben die Frauen da unten Bakterien oder Pilze drin, und dann läuft da was anderes raus. Und dagegen gibt mein Papa den Frauen Tabletten und Salben. Habt ihr sonst noch dämliche Fragen?«

Hatten wir, aber die behielten wir erst einmal für uns. Die letzten Ausführungen Tommis waren eklig genug gewesen. Pilze und Bakterien? Der HERR hatte uns mit den Frauen wirklich keinen großen Dienst erwiesen.

Nur ihre Kochkünste, die waren schon etwas Besonderes. Ich kannte keinen Mann, der auch nur annähernd so gut kochen konnte wie eine Frau, Mario Talone inbegriffen. Trotzdem war Mario im Lager unser Küchenchef, zumindest nannte er sich so. »Wer ist hier der Boss? Richtig, ich«, war sein Lieblingssatz, wenn es ums Essen ging. »Wer hat das alles gekauft? Richtig, ich«, sein zweitliebster.

Marios Körperbau mit den dünnen Armen und Beinen und dem ziemlich dicken Bauch erinnerte an eine Boje. Er war knapp sechs Jahre älter als wir, hatte schulterlanges, strähniges Haar und redete wie ein Wasserfall. Außerdem war er praktisch andauernd damit beschäftigt, seine Haare vor dem Gesicht einzusammeln und wieder hinter die Ohren zu klemmen. Marios Lieblingsthema neben Frauen und Fußball war Italien, das Land, aus dem seine Eltern stammten und das er jedes Jahr in den Sommerferien besuchte. Den Rest des Jahres lebten die Talones in ihrer Pizzeria, über der angeblich ihre Wohnung war. Aber die hatte noch nie jemand von uns gesehen, daher bezweifelten wir, dass es sie überhaupt gab.

Mario besorgte mit dem Großmarktausweis seines Vaters immer die Vorräte für das Pfingstlager, und irgendwie schien ihm das zu Kopf zu steigen. Er tat so, als hätte er die Leitung über ein Restaurant, das er *Zum fröhlichen Messdiener* nannte. Und je nachdem, ob man gerade Küchendienst hatte oder nicht, war man entweder sein Angestellter oder sein Gast.

Am dritten Tag war es dann so weit, wir mussten ran. »Willkommen in meiner bescheidenen Hütte. Heute gibt es Gulasch mit Kartoffelpüree«, begrüßte er uns um Punkt elf Uhr grinsend zum Arbeitsdienst. Sein fettiges Haar und das seit mehreren Tagen getragene T-Shirt hätten ihn problemlos als Obdachlosen durchgehen lassen, wäre da nicht die Schürze gewesen, die so gar nicht zu seiner restlichen Erscheinung passen wollte. »Also«, sagte er und rieb sich dabei die Hände. »Lukas und Stefan können gleich wieder gehen, ihr macht später den Abwasch. Ralf, du schneidest Zwiebeln, Tommi öffnet die Dosen, und Christian macht das Püree. An die Arbeit, *avanti*!«

Na toll, ich hatte mal wieder die Arschkarte gezogen. Ich setzte mich an den Biertisch, wo bereits ein Messer, ein Brett und drei große Zwiebeln auf mich warteten. Auf dem Nachbartisch standen fünfzehn Dosen Gulasch ungarischer Art, an denen sich Tommi zu schaffen machte, und Christian setzte einen Topf Wasser auf den großen Gaskocher neben dem Küchenzelt, pflanzte sich daneben ins Gras und wartete, bis das Wasser heiß wurde.

Die Zwiebeln von ihrer äußeren Schale zu befreien, war schwieriger, als ich gedacht hatte. Mario sah, wie ich mich abmühte, setzte sich neben mich und half mir ein bisschen. Dann, nach zwei Minuten, sagte er: »Mensch, Ralf, stellst du dich bei den Mädchen auch so dämlich an?«

»Welche Mädchen? Was meinst du?«

»*Mamma mia!* Du hast doch bestimmt schon mal ein Mädchen geküsst, oder?«

Ach so, das hatte er gemeint. Ich dachte kurz über eine Antwort nach, beschloss dann aber, dass ihn das rein gar nichts anging, und schwieg.

Das verstand Mario aber scheinbar völlig falsch. »Ha, wusste ich's doch. Du hast es bestimmt faustdick hinter den Ohren. Du musst mal zu uns nach Italien kommen, da gibt es Frauen…« Anstatt weiterzureden, küsste er gleichzeitig die Spitze seines Daumens und seines Zeigefingers. Dann verfinsterte sich seine Miene, und er nahm eine der Zwiebeln. »Aber vor manchen musst du dich in Acht nehmen, die sind genau wie deine Zwiebeln hier. Man pellt Schale um Schale ab, und am Ende muss man weinen.« Mario lachte laut auf und legte die Zwiebel zurück auf den Tisch. Dann hielt er die Hände vor seine Brust und tat so, als gäbe es dort etwas abzuwiegen. »Verstehst du – weinen?«

Ich verstand nur Bahnhof. Aber ich wollte ihn auch nicht verstehen. Das Ganze war mir viel zu aufdringlich. Warum quatschte er nicht die anderen voll? Christian hypnotisierte noch immer den Gaskocher, Tommi öffnete bereits seine sechste Dose. Um irgendwie aus der Nummer rauszukommen, lenkte ich das Gespräch in eine andere Richtung.

»Sag mal, bist du eigentlich wirklich Italiener?«, fragte ich mit vorgetäuschtem Interesse.

»So wahr mir Gott helfe«, erwiderte Mario ernst, »und der ist schließlich auch ein Italiener, deshalb lebt der Papst ja auch in Rom.«

Der HERR ein Spaghetti? Bestimmt nicht. Und dass der Heilige Vater in Italien wohnte, war wohl eher ein Treppenwitz der Geschichte. Früher, also kurz nachdem Jesus gestorben und wieder auferstanden war, gab es noch gar keinen Papst. Zu der Zeit waren die Christen mehr so hippiemäßig unterwegs. Sie lebten in Judäa, bildeten kleine Kommunen und versuchten alle Welt davon zu überzeugen, dass der Messias bald zurückkäme und die Menschheit retten würde. Das war den damaligen Politikern nicht ganz geheuer. Rom war eine Weltmacht, da konnte man nicht einfach einen anderen Glauben predigen. Vor allem konnte man nicht mir nichts, dir nichts daherkommen und behaupten, dass der römische Kaiser kein Gott sei.

Doch noch schlimmer als die Römer waren für die Christen die eigenen Landsleute, die Juden. Die hatten eine ganze Menge Frust, weil sie nach der Eroberung ihres Landes durch Rom praktisch gar nichts mehr zu sagen hatten. Der einzige Spaß, den man ihnen gelassen hatte, war das Steinigen von Nichtrömern aus religiösen Gründen. Da kamen ihnen die Jesus-Freaks gerade recht. Überall im Land suchten die Juden nach ihnen, brachten sie in Gefängnisse oder erledigten sie gleich an Ort und Stelle.

Saulus, Sohn reicher jüdischer Eltern, der die Privilegien des römischen Bürgerrechts genoss, tat sich dabei besonders hervor. Im Auftrag des jüdischen Ältestenrates reiste er kreuz und quer durchs Land und ließ alle Christen steinigen, die ihm über den Weg liefen. Doch dann kam der Tag, an dem Saulus einen schlimmen Anfall erlitt. Die Bibel ist sich nicht ganz sicher, ob er Stimmen hörte oder Lichter sah, auf jeden Fall fühlte er sich dem HERRN plötzlich ganz nah. Und der befahl ihm, die Christen zukünftig in Ruhe zu lassen. Zack, auf einen Schlag war Saulus sein Hobby und seine Freunde los. Also widmete er von nun an als Paulus sein ganzes Leben seinem neuen Kumpel Christus, reiste weiter durch die Welt und missionierte fortan alles, was nicht bei drei auf dem Baum war. Der Rest ist Geschichte.

Keine vierhundert Jahre später wurde das Christentum Staatsreligion und der Bischof von Rom zum wichtigsten Mann auf Erden. Dabei stand nirgendwo in der Bibel etwas davon, dass Petrus überhaupt einmal in Rom war, geschweige denn dort gewohnt und seinen Stab an einen

Nachfolger weitergegeben hat. Die ganze Geschichte ist eine Erfindung, genau wie das Grab unter dem Petrusdom. Als Pius XII. nach Überresten des ersten Papstes graben ließ, fand man nur ein Häuflein Knochen, und die gehörten zu einem kräftigen Mann, einem schmächtigen Mann, einer Frau, einem jungen Hahn, einem Schwein und einem Pferd.

»Hallo? Jemand zu Hause?« Mario fuchtelte vor meinem Gesicht herum.

»Oh, Entschuldigung, was hast du gesagt? Ich war gerade in Gedanken.«

»*Mio dio*, das habe ich gesehen. Du kannst einem ja richtig Angst machen, so weggetreten wie du ›in Gedanken‹ bist.«

»Ja, das hab ich manchmal, ist aber nicht schlimm.« Ich konzentrierte mich wieder auf meine Zwiebeln, und Mario hatte vorerst wohl genug. Er stand auf, holte aus dem Küchenzelt etwas, das aussah wie zwei riesige Packungen Cornflakes, und stellte sich neben Christian. Gerade als Mario ihm erklären wollte, wie er jetzt weiter vorzugehen habe, rief Tommi vom Nachbartisch: »Feeertig!«

»Hier, steht alles auf der Packung«, sagte Mario, drückte Christian die Kartons in die Hand und kam wieder zu uns rüber.

Eine halbe Stunde später war das Essen fertig, und es schmeckte, wie Lageressen eben schmeckt. Nur das Kartoffelpüree ging wirklich gar nicht. Es war ungenießbar, voller Klümpchen und viel zu flüssig.

»Das ist ja auch gar kein richtiges Kartoffelpüree«, verteidigte sich Christian schlecht gelaunt, »da ist keine einzige Kartoffel drin, nur Pulver.«

Wir saßen an den Biertischen und stopften das Essen in uns hinein.

»Hättest du weniger Wasser genommen und besser gerührt, dann wäre es auch was geworden«, entgegnete Mario laut, der mit dem Rücken zu uns am Nachbartisch saß.

Jetzt platzte Christian der Kragen. Er legte seinen Löffel auf den Teller, drehte sich zu Mario um und schrie: »Du blöder italienischer Superkoch. Das Pulverzeug ist voll für den Arsch, da hilft auch Rühren nichts. Das ist das reinste Kotzpüree!«

Als das Pfingstlager am nächsten Morgen zu Ende ging, war der kurze Streit vom Vortag fast vergessen. Doch ein Wort war geboren, und es sollte uns für alle Zeiten erhalten bleiben. Es war ein großartiges Wort. Ein wunderbares Wort. Ein Wort, so klein und doch so ausdrucksstark. Ein Wort, das uns für immer an unsere schöne Zeit im Pfingstlager denken ließ, und »die Gläubigen, die zerstreut worden waren, zogen umher und verkündeten das Wort« (Apg 8,14). Das Wort hieß Kotzpüree.

7.

Bares raus!
Taufe, Hochzeit & Beerdigung

»Verdammt, du Spasti, ICH will die Taufe«, schrie Christian durch den Keller des Pfarrhauses. Die Adern an seinem Hals sahen aus wie Feuerwehrschläuche, die mit voller Kraft einen Brand löschten.

»A-a-aber du hast doch schon die letzten zwei Taufen ge-ge-macht und dabei f-fettes Trinkgeld ei-ei-einkassiert, und ich und Ralf waren schon ewig nicht mehr dran«, entgegnete Lukas ruhig.

»Ja und? Ist doch egal!«, brüllte Christian zurück.

Jetzt mischte sich Albert ein. »Jungs, so geht das nicht. Erstens möchte ich nicht, dass hier rumgeschrien wird, und zweitens hat Lukas vollkommen recht. Und für den ›Spasti‹ will ich jetzt sofort eine Entschuldigung von dir hören, Christian.«

Wir saßen zusammen mit Albert um den runden Tisch in unserem Gruppenraum und versuchten den Dienstplan für die nächsten vier Wochen fertig zu bekommen. Seitdem Albert unser neuer Obermessdiener war, machten wir den Plan in der Regel gemeinsam. Diesmal gab es acht Sonderwünsche der älteren Messdiener, der Rest war

Routine. Nur die Beerdigung nächsten Dienstag und die Taufe am folgenden Sonntag machten noch Probleme, aber das war auch nichts Neues. Albert blickte zu Christian, der die Arme vor der Brust verschränkt hatte und schmollte.

»Ich warte«, sagte Albert.

»Nö«, sagte Christian.

Albert blieb gelassen, war aber sichtlich verärgert. »Du willst dich also nicht entschuldigen? Gut. Dann werde ich dir im nächsten halben Jahr keine einzige Taufe mehr geben.«

»Aber das ist ungerecht«, platzte es aus Christian raus. »Wieso soll ich mich denn entschuldigen? Der ist doch wirklich ein Spasti, allein wie der schon immer mit den Augen zuckt.«

»Christian, es reicht.« Alberts flache Hand knallte auf die Tischplatte, sodass wir alle zusammenzuckten. »Wir sind hier nicht im Kindergarten. Lukas hat eine Krankheit, das weißt du ganz genau. Aber deshalb ist er noch lange kein Spasti. Dieses Wort will ich nie wieder hören, hast du mich verstanden?«

Christian starrte vor sich auf die Tischplatte und schwieg.

»Ob du mich verstanden hast, habe ich gefragt«, setzte Albert nach. Eine geflüsterte Zustimmung von Christian ließ ihn seine gewohnte Gelassenheit wiederfinden. »Gut, dann können wir ja jetzt weitermachen. Lukas oder Ralf, wen von euch soll ich aufschreiben?«

Jetzt nachzugeben und Lukas die Taufe zu überlassen, wäre ein fairer Zug gewesen, aber in der nächsten Woche erschien das neue *Yps*-Heft mit einem Um-die-Ecke-Blasrohr, und ich hatte keinen Pfennig Taschengeld mehr.

Wir einigten uns darauf, die Sache wie echte Männer auszukämpfen. Nach zwei Runden stand es eins zu eins. Ich setzte mein Pokergesicht auf und blickte Lukas tief in die Augen. Zweimal hatte ich ihm den Stein gezeigt, ich war mir sicher, dass er mir jetzt in die Falle ging. Schnick, Schnack, Schnuck. Er Blatt, ich Schere, und schon war die Taufe mir und das *Yps* so gut wie gekauft. Lukas war ein bisschen geknickt, aber Albert versprach ihm, dass er bei der nächsten Taufe an der Reihe sei. Außerdem würde er ihn anrufen, wenn Sebastian, den Albert mit mir zusammen eingeteilt hatte, wider Erwarten keine Zeit hätte. Es war ein ungeschriebenes Gesetz, dass bei Taufen und Hochzeiten immer einer von den älteren Messdienern dabei war.

Nachdem wir den kommenden Sonntag geklärt hatten, mussten wir uns nur noch über den Bereitschaftsdienst einigen. Wie üblich hatten in jeder Woche vier Messdiener Pastor Ben zur Verfügung zu stehen. Das war wichtig, weil sich der HERR immer noch weigerte, die Sterbetermine der Gemeindemitglieder im Voraus anzugeben. Und weil in der vor uns liegenden Woche schon eine Beerdigung feststand, hatte außer Stefan plötzlich keiner mehr Zeit. Mit einem zögerlichen Einwand versuchte er das Unglück noch abzuwenden, aber da war es schon zu spät.

Als der Dienstplan fertig war, wurde Albert nachdenklich. Zu Beginn unserer Gruppenstunde hatten wir gefragt, ob wir heute wieder Räuber und Gendarm spielen könnten. Albert hatte zugestimmt, aber jetzt machte er keinerlei Anstalten aufzustehen. Stattdessen sah er aus, als würde er sehr intensiv auf einem Gedanken herumkauen. »Jungs, ich möchte etwas mit euch besprechen.«

Wir nickten und schauten Albert erwartungsvoll an.

Der schien nach den richtigen Worten zu suchen. »Lukas, magst du den anderen vielleicht mal erklären, was für eine Krankheit du da hast? Also nur, wenn du möchtest. Ich denke, dass sie dich dann vielleicht ein bisschen besser verstehen. Was meinst du?«

Lukas war sichtlich überrascht. »Da g-gibt es eigentlich gar nicht so viel zu e-erklären«, antwortete er zögerlich. »Ich ha-habe diese Zuckungen an den Augen, und ich stottere. Nicht immer, a-aber oft.«

»Ja, aber wie fühlt sich das für dich an? Tut das Zucken weh?«, hakte Albert nach.

»Nein, weh tut das nicht, aber es n-nervt. Besonders wenn ich m-merke, dass die Leute mich d-deswegen anglotzen.«

»Und warum reißt du dich dann nicht zusammen und hörst einfach auf zu zucken?«, wollte Stefan wissen.

»Weil das nicht g-geht«, erklärte Lukas gelassen. Er wusste, dass Stefan die Frage nicht böse gemeint hatte. »Du m-musst dir das Zucken wie einen Schluck-ck-auf vorstellen, den k-kannst du ja auch nicht so einfach stoppen. Wenn ich Glück habe, bleibt es so, wenn nicht, dann wird es noch schlimmer. Es g-gibt Leute, die zucken mit den Armen oder dem g-ganzen Körper. Oder

100

sie rufen ganz schlimme Wörter, ohne dass sie das k-kontrollieren können.«

Jetzt war nicht nur Stefan baff. »Was für schlimme Wörter denn?«

»Na, Arschloch oder b-blöde Kuh, alles M-mögliche. Kann man g-gar nichts gegen machen.«

Hätten unsere Köpfe beim Denken Geräusche gemacht, wäre unser Gruppenraum im Lärm untergegangen. So aber war es mucksmäuschenstill. Das Einzige, was man hören konnte, war Christian, der auf seinem Stuhl unruhig hin und her rutschte. Seine Sprüche von eben schienen ihm plötzlich wirklich leidzutun. Und dann tat er etwas, was er noch nie gemacht hatte: Er entschuldigte sich.

Zwei Wochen später bekam ich einen Anruf von Pastor Ben, der wissen wollte, ob ich am Donnerstag Zeit für eine Beerdigung hätte, die anderen hätten alle abgesagt. Ich hatte schon gehört, dass der Pfeifenhannes gestorben war, jetzt sollte er also unter die Erde. Auf Anhieb fiel mir ein halbes Dutzend Ausreden ein, aber keine war glaubwürdig genug, dass Pastor Ben sie mir abgenommen hätte, also sagte ich zu.

Der Grund, warum Beerdigungen bei uns Messdienern so unbeliebt waren, ist leicht erklärt: Meistens vergaßen die Trauernden das Trinkgeld. Außerdem waren bei Beerdigungen immer alle so griesgrämig, das konnte einen richtig anstecken. Die Leute waren deprimiert, die Musik erklang ausschließlich in Moll, und wenn es dann noch regnete, war sogar mir zum Heulen zumute.

Als ich um Viertel vor zwei in der Sakristei ankam, schüttete es wie aus Gießkannen. Pastor Ben ließ sich die Laune wie immer nicht verhageln und begrüßte mich gut gelaunt. »Mensch, Ralf, was hast du denn da für ein Wetter mitgebracht? Das ist ja zum Mäusemelken.«

Schon beim Reinkommen hatte ich gerochen, dass er mir die Hälfte der Arbeit abgenommen hatte. Das Weihrauchfass brannte, ich musste mich also nur noch umziehen, und schon konnte es losgehen. Mit der Kette des Rauchfasses in der einen Hand und dem Weihwasserkessel in der anderen stapfte ich, zusammen mit Pastor Ben, Richtung Friedhof. Er trug das Messbuch und einen ziemlich großen Regenschirm, den er, so gut es ging, mit mir teilte.

Nach zehn Minuten erreichten wir die vollkommen überfüllte Friedhofskapelle, setzten uns wie immer auf die besten Plätze und warteten darauf, dass Stille einkehrte. Für mich war das der schönste Moment, denn bis Pastor Ben anfing, hatte ich Zeit, mir meine Gedanken zu machen. Den Pfeifenhannes hatte ich nur flüchtig gekannt. Ich wusste, dass er Gartenzwerge mochte und andauernd am Rauchen war, mehr nicht. Ob sie ihm seine Pfeife wohl auch in den Sarg gelegt hatten? Und ob er in diesem Moment an die Himmelstür klopfte? Anscheinend hatte er im Leben ja einiges richtig gemacht, sonst wären wohl nicht so viele Leute erschienen. In der zweiten Reihe entdeckte ich Schmitzens Liesel und Hertlings Sofia, unsere Friedhofsmaskottchen. Die zwei älteren Damen ließen keine einzige

Beerdigung aus, ganz gleich, ob sie den Verstorbenen gekannt hatten oder nicht. So mancher in unserer Gemeinde lästerte, die beiden hätten es eigentlich nur auf die anschließende Trauerfeier abgesehen, aber ich sah das anders. In meinen Augen waren die zwei einfach nur gern traurig.

Die ersten Orgeltöne lenkten meine Gedanken in eine andere Richtung, Gebetszettel raschelten, und alles begann zu singen: »Wir sind nur Gast auf Erden und wandern ohne Ruh mit mancherlei Beschwerden der ewigen Heimat zu…« Das stimmte. Die meisten älteren Menschen beschwerten sich andauernd über irgendwelche Dinge, die Frau vom Pfeifenhannes war auch so eine. Egal zu welcher Tageszeit ich an ihrem Haus vorbeiging, immer hörte ich ihre nörgelnde Stimme. Dass sie jetzt so still in der ersten Reihe saß, war kaum zu glauben. Wahrscheinlich dachte sie bereits darüber nach, mit wem sie in Zukunft rummeckern konnte – jetzt, wo ihr Mann seinen ewigen Frieden gefunden hatte.

Nach dem Lied hielten wir die Messe zu Ehren des Verstorbenen, dann ging es raus in den Regen, der sich mittlerweile zu einer echten Sintflut ausgewachsen hatte. Knapp achtzig Menschen folgten Pastor Ben und mir, vor uns fuhr das Auto mit dem Sarg im Schritttempo, daneben liefen die Totengräber. Die ganze Prozession war bedeckt von einem Heer schwarzer Regenschirme – nur da, wo ich lief, gab es keinen. Pastor Ben hatte nämlich selbst alle Mühe, nicht nass zu werden, und darüber vergaß er leider seine priesterliche Verpflichtung zu selbstloser Nächstenliebe. Immerhin blieben meine Füße trocken, denn die steckten in Gummistiefeln.

Als wir gefühlte vier Wochen später das frisch ausgehobene Grab erreichten, war mein Weihrauchfass längst aus und das Weihwasser stark verdünnt. Grinsend musste ich an Tommis homöopathische Tabletten denken, doch Pastor Bens Räuspern riss mich aus den Gedanken und wischte das Lächeln von meinem Gesicht. Schnell setzte ich wieder den professionell trauernden Ausdruck auf.

Während wir da standen und Pastor Ben aus der aufgeweichten Bibel las, lief mir das Regenwasser in den Kragen. Jetzt hieß es Zähne zusammenbeißen. Ich zählte die Wassertropfen, die mir von der Nasenspitze perlten, so ging die Zeit schneller vorbei. Das miesepetrige Gesicht musste ich mittlerweile nicht mehr künstlich aufsetzen.

Dann war es geschafft. Der Pfeifenhannes wartete zwei Meter tiefer auf eine Ladung Muttererde, und ich würde gleich in meinen triefend nassen Klamotten zurück in die Sakristei hechten. Oder schwimmen. Vorher aber bedankte sich die frischgebackene Witwe mit greller Stimme und einem trockenen Händedruck für meinen Dienst. Ihren Mann hätte es sicherlich gefreut, dass ich bei seiner Beerdigung dabei gewesen sei, heutzutage denke ja jeder nur ans Geld, da sei das nicht selbstverständlich, dass man auf Trauerfeiern erscheine, sagte sie.

Als sie sich abwandte und ich mir in die Handfläche starrte, war da … nichts. Nicht ein Pfennig.

»In allem habe ich euch gezeigt, dass man sich auf

diese Weise abmühen und sich der Schwachen annehmen soll, in Erinnerung an die Worte Jesu, des Herrn, der selbst gesagt hat: Geben ist seliger als nehmen.« (Apg. 20,35)

Gern geschehen.

Bei einer Hochzeit wäre so etwas undenkbar gewesen, da gab es immer eine Kleinigkeit für uns Messdiener. Meistens waren das für jeden fünf Mark, es konnten aber auch mal zwanzig sein. Wie damals bei Karin und Udo. Udo war der Sohn von Ackermanns Änni, Karin die Tochter von Reuters, einer alteingesessenen Winzerfamilie. Beide waren also Rheinländer durch und durch. Sie hatten vor der kirchlichen Trauung einen kleinen Sektempfang vorbereitet, an dem rund zweihundert Gäste laut schwatzend teilnahmen und munter vorglühten.

Als ich mich auf meinem Weg in die Kirche durch die Menge zwängte, kam ich an Pastor Ben vorbei, der gerade die gute Bewirtung und das tolle Wetter lobte. Ich grüßte kurz und ging dann schnurstracks in die Sakristei, wo mich Mario mit seiner üblichen Geschwätzigkeit erwartete.

»Da ist er ja, der Ralf. Und, bist du schon aufgeregt? Ist deine erste Hochzeit, oder?«

Ich nickte und begann mich umzuziehen.

»Dann hoffe ich mal, dass du gut gefrühstückt hast«, sagte er trocken. »Eine Hochzeit bleibt fast nie unter drei Stunden. Die letzte dauerte sogar dreieinhalb.«

Erstaunt sah ich ihn an. »Das meinst du doch nicht ernst, oder?«

»Todernst. Hat dir das keiner gesagt?«, gab Mario zurück. »Drei Stunden. Wirklich. Bei allem, was mir heilig ist, und bei der Ehre meiner Familie.«

Er brachte das Ganze so überzeugend rüber, dass ich ihm seine dreiste Lüge fast abgekauft hätte. Doch dann zuckte es um seinen Mund, und plötzlich brach er in schallendes Gelächter aus. »Verarscht«, wieherte er, »da hab ich dich aber mal so richtig schön dranbekommen.«

Am Ende stellte sich heraus, dass Mario mit seiner Behauptung gar nicht mal so falsch gelegen hatte. Pastor Ben war der frühe Sekt zu Kopf gestiegen, und als er erst einmal losgelegt hatte, wollte er gar nicht mehr aufhören mit seiner Predigt. Zwei Stunden und dreizehn Minuten später war die Trauung endlich zu Ende. Die Eheleute versprachen, bis in alle Ewigkeit zusammenzubleiben, und Pastor Ben wünschte ihnen alles Gute und den Segen des HERRN. Den hatten sie auch bitter nötig, denn so ein ganzes Leben konnte sich ganz schön in die Länge ziehen. Zweiundsiebzig Jahre hatte meine Sinzheimer Oma zum Beispiel auf dem Buckel – sechsmal so viele wie ich. Bis vor zweiundvierzig Jahren war sie verheiratet gewesen, aber dann war ihr Mann gestorben, und jetzt war sie wieder allein. Keine Ahnung, wie sie früher drauf gewesen war, aber in meinen Augen kam sie ziemlich gut klar, so ganz auf sich gestellt. Es gab ja auch niemanden mehr, der ihr dauernd reinquatschte.

Die Eltern meiner Mutter hatten da nicht so viel Glück. Beide erfreuten sich bester Gesundheit, kommunizierten untereinander aber nur noch mithilfe von Grunzlauten und gingen einander, so gut es ging, aus dem Weg. Wenn Oma und Opa sich wirklich mal geliebt hatten, dann musste das schon ziemlich lange her sein. Ob sie damals am Altar auch Ja gesagt hätten, wenn sie gewusst hätten, was da auf sie zukäme?

Auf meinem Heimweg machte ich mir ein weiteres Mal Gedanken um die Liebe. Den HERRN sollte ich lieben wie meine Eltern, meinen Nächsten wie mich selbst. Aber wenn man die Erwachsenen fragte, was mit der Liebe denn genau gemeint war, wusste keiner Bescheid.

»Liebe ist, wenn man jemanden ganz doll mag und immer nur mit ihm zusammen sein möchte«, sagte Mama, und Papa ergänzte: »Bis man den anderen nicht mehr sehen kann.« Tante Saskia meinte, Liebe sei ein wundervolles Gefühl, Onkel Rudolf hingegen war der Überzeugung, dass Liebe blind mache.

Es half nichts, die Erwachsenen hatten keinen Plan, also musste ich aus meinen Beobachtungen lernen. Ausnahmsweise war ich froh, eine Schwester zu haben. Jutta hatte sich im letzten halben Jahr dreimal verknallt, und jedes Mal war der Auserwählte der tollste Typ auf Erden gewesen, der Größte, der Schönste, der Stärkste – bis der Nächste kam. Das ließ in meinen Augen nur einen Schluss zu, nämlich dass Liebe im Prinzip nichts anderes als eine Grippe war. Sie vernebelte den Leuten die Sinne, ließ sie komische Dinge tun und war manchmal ganz schön hartnäckig. Wenn sie chronisch wurde, gingen die Betroffenen nicht zum Arzt, sondern zu einem Priester und bestellten das Aufgebot. Ausgerechnet zu einem Priester, der selbst gar nicht heiraten durfte und allein schon deswegen in Ehedingen so erfahren war wie ein Querschnittsgelähmter im Fußballspielen. So wie es aussah, konnte man froh sein, wenn man von der Liebe verschont blieb. Doch wenn keiner mehr heiratete, gäbe es auch keine Taufen mehr, und wir Messdiener hätten eine ganze Ecke weniger zu tun. Das würde sich schließlich auch auf unsere Trinkgelder auswirken.

Das Leben war manchmal richtig kompliziert.

8. Holy Wood – Bretter, die die Welt bedeuten

Ein Gottesdienst war eine klare Angelegenheit: Es gab eine Hauptrolle, einige Nebendarsteller und einen ganzen Haufen Statisten. Für die Hauptrolle musste man Theologie studiert haben, die Statisten saßen unten in den Bänken. Die Nebenrollen machten wir Messdiener unter uns aus. Und genau wie in Hollywood gab es bei uns talentierte und weniger talentierte Darsteller.

Ich gehörte zweifelsfrei zu den guten, ich verfügte über Talent und Selbstdisziplin. Die heilige Messe konnte noch so lange dauern, mein Gesicht zeigte keinerlei Regung. Selbst als Christian eines Tages beim Einzug dann doch die Klingel aus der Wand riss, verzog ich keine Miene. Das Klingelseil hatte sich wohl verhakt, und aus lauter Verzweiflung zog Christian so fest, dass sich die Schrauben aus der Wand lösten, woraufhin das Teil mit lautem Geschepper auf den Marmorboden fiel. Es gab eine kurze Schrecksekunde, aber dann hatte ich mich wieder vollkommen im Griff. Das Wichtigste in diesem Moment war, nicht in die Gesichter der anderen Messdiener zu schauen, denn sonst wäre alles zu spät gewesen.

Nicht hinschauen war grundsätzlich immer der beste Trick. Man konnte sich viel besser auf die Pläne für den Nachmittag oder andere wichtige Dinge konzentrieren, wenn man während der Messe stur auf den Boden oder an die Wand glotzte. Und professioneller wirkte das sowieso. Während ich anfänglich noch mit den Augen die Reihen der Gläubigen absuchte und regelmäßig nervös wurde, wenn ich meinen Lehrer Herrn Lochmann entdeckte, konnte mich bald kaum noch etwas aus der Ruhe bringen. Weder Lochmann noch das doofe Augenzwinkern von Papa. Außerdem sammelte ich auf diese Weise eine ganze Reihe von Informationen, die mich eines Tages vielleicht berühmt machen würden.

Ich sah die Schlagzeilen schon vor mir:

Neunjähriger rettet Pfarrkirche

Koblenz. Ein neunjähriger Messdiener hat in der Nacht zum Sonntag mindestens achtzig Menschen das Leben gerettet. Laut Aussage der Polizei unterbrach ein als Clown maskierter Verbrecher den Gottesdienst und drohte damit, das gesamte Gebäude in die Luft zu sprengen, wenn ihm nicht augenblicklich jemand die genaue Anzahl der Bodenfliesen im Altarraum nennen könne. Der Neunjährige wusste auf Anhieb die richtige Antwort und schlug den zerknirschten Verbrecher in die Flucht.

Während ich so vor mich hin starrte, kam mir alles Mögliche in den Sinn, und manchmal dachte ich auch an den HERRN. Ob ihm das Drehbuch zur Messe gefiel? Oder fand er es zum Teil genauso langweilig wie ich? Drei gleiche Messen an jedem Wochenende, allein in unserer Gemeinde. Wie viele Messen waren das dann insgesamt in Koblenz, in Deutschland, oder auf der ganzen Welt? Millionen? Auch wenn die Predigt ein bisschen für Abwechslung sorgte, war der Rest der Veranstaltung doch mehr oder weniger ähnlich.

Für uns Messdiener war das immer gleiche Drehbuch ein Segen, denn so mussten wir nicht andauernd Neues lernen, und die einmal erlernten Handgriffe wurden mit der Zeit zur Routine. War ich anfangs noch ein miserabler Gongschläger gewesen, der nie die richtige Lautstärke gefunden hatte, wurde ich auch an diesem Instrument bald zum Profi. Selbst die Einsätze, also wer was wann zu tun hatte, waren bei mir recht schnell in Fleisch und Blut übergegangen.

Mama fiel meine professionelle Art am Altar als Erste auf. »Das machst du so gut, du könntest glatt Priester werden«, bemerkte sie eines Tages. »Und ich werde dann deine Haushälterin.«

Auch wenn sie das anfangs noch scherzhaft meinte, wiederholte sie diesen Gedanken erschreckend oft. Sogar im Beisein von Pastor Ben erzählte sie einmal, dass ich doch einen guten Nachfolger für ihn abgeben würde.

Pastor Ben schien meine Mutter ernst zu nehmen. Als wir das nächste Mal allein in der Sakristei standen, fragte er mich, was ich denn einmal werden wolle.

»Polizist vielleicht, ich weiß noch nicht«, antwortete

ich wahrheitsgemäß. Die Phase, in der ich unbedingt Millionär werden wollte, war schon lange vorbei. Im Alter von vier Jahren hatte ich diesen Wunsch dem Nikolaus ins Ohr geflüstert, und dieser Blödmann hatte ihn dann meinen Eltern gepetzt. Die hatten das ziemlich lustig gefunden und mich bei jeder sich bietenden Gelegenheit damit aufgezogen. Irgendwann beschloss ich, Polizist zu werden und mich eines Tages für all die Gemeinheiten zu rächen. Papa würde ich jeden Tag einen Strafzettel ans Auto hängen, und Mama würde immer verhaftet werden, wenn sie bei Rot über die Straße ging. Ich liebte die Vorstellung, wie sich beide bei mir einschmeichelten, nur damit ich sie nicht noch mehr bestrafte. Doch in letzter Zeit wurde diese Vorstellung immer blasser, daher war ich mir mit meinem Berufswunsch gar nicht mehr so sicher.

Ich solle mir die Sache mit dem Priestertum mal durch den Kopf gehen lassen, schlug Pastor Ben vor. Er könne sich das gut bei mir vorstellen, aber das Wichtigste wäre, dass ich auf Gottes Stimme hören würde.

Prinzipiell fand ich die Idee gar nicht mal so schlecht. Als Priester könnte ich meinen Eltern die Beichte abnehmen, und Papa müsste »Vater, ich habe gesündigt« zu mir sagen. Das stellte ich mir ziemlich lustig vor. Doch was Pastor Ben mit »Gottes Stimme« meinte, verstand ich nicht ganz. Der HERR hatte sich mir noch nie gezeigt, geschweige denn mit mir geredet. Wie sollte ich da auf seine Stimme hören?

Auf meine Nachfrage hin erklärte Pastor Ben, dass

man die Stimme des HERRN nicht höre, sondern fühle. Wenn der HERR wolle, dass ich Priester werden würde, werde er mir den Weg schon zeigen.

Fortan wartete ich also auf ein Zeichen. Das Problem war nur, dass ich gar nicht wusste, wie dieses Zeichen aussehen konnte. Also begann ich bei meinen Abendgebeten den HERRN zu bitten, endlich mal Klartext mit mir zu reden. »HERR im Himmel, wenn du möchtest, dass ich Priester werde, dann lass es jetzt donnern.«

Nichts passierte. Natürlich bat ich den HERRN nicht nach einem Donner, wenn es sowieso gerade gewitterte, ich war ja nicht blöd. Die Aussicht auf ein Leben in seinem Dienst schreckte mich zwar nicht, aber ich wollte ein eindeutiges Zeichen. So wartete ich und dachte währenddessen immer mal wieder über den Job des Priesters nach.

Pastor Bens Arbeit bestand hauptsächlich aus Zuhören und Reden, er musste das Pfarramt leiten und am Wochenende die Messen halten. Außerdem gab es hin und wieder Taufen und Hochzeiten, aber so richtig anstrengend schien das Ganze nicht zu sein. Die Sache mit der Haushälterin gefiel mir richtig gut. Kochen, putzen, waschen – all die Sachen, die Mama noch für mich erledigte, müsste ich eines Tages selbst tun. Es sei denn, ich würde mir wie Papa eine Frau suchen. Doch allein der Gedanke, dass ich mein Leben mit jemandem wie Eva verbringen und sie außerdem küssen musste, ließ mir das Blut in den Adern gefrieren. Da war Pastor Ben als Priester auf der sicheren Seite, der durfte nämlich keine

Frauen küssen. Und heiraten durfte er auch nicht. Das stand so zwar nicht in der Bibel, war aber ebenfalls bei dem großen Treffen in Nicäa beschlossen worden. Allerdings hatte es dann noch eine ganze Weile gedauert, bis das Eheverbot für Geistliche umgesetzt wurde. Zwischenzeitlich gab es sogar verheiratete Päpste, aber dann kam Luther, und alles wurde anders. Denn als der seine Kirche gründete, erlaubte er den protestantischen Priestern zu heiraten. Und weil alles, was Luther tat, vom Teufel diktiert wurde, waren verheiratete Priester in der einzig wahren Kirche fortan strikt verboten. Glück für Pastor Ben. Wie sollte sich ein Priester auch auf den HERRN konzentrieren, wenn zu Hause immer eine Frau dazwischenquatschte?

Als meine Sinzheimer Oma zum ersten Mal von Mamas Idee hörte, ich solle Priester werden, fuhr sie ihr vor versammelter Mannschaft über den Mund: »Do drüber macht ma kei Witz, merk das!«

Mama war über die heftigen Worte ihrer Schwiegermutter erschrocken. Wir saßen mit der ganzen Verwandtschaft zusammen im Wohnzimmer, um Mamas Geburtstag zu feiern, und es war früh am Abend. In Getränken gesprochen: Die Erwachsenen waren noch nicht beim Schnaps angekommen und die Stimmung dementsprechend noch gut. Um des lieben Friedens willen beeilte sich Mama zu versichern, dass es ihr durchaus ernst mit ihrem Vorschlag sei. »Ich mache keine Witze. Ich kann mir Ralf als Priester wirklich gut vorstellen. Ich würde dann ins Pfarrhaus ziehen, ihm die Wäsche machen und putzen.«

Oma erwiderte, dass sich Mama das Geschwätz mit der Haushälterin sparen solle. Erstens hätte sie ja nicht einmal ihren eigenen Haushalt richtig im Griff, zweitens solle sie mal an ihren Mann denken.

Papa sagte: »Ach Mutti, lass doch.«

Mama aber war komplett bedient. »Mehr fällt dir dazu nicht ein?«, zischte sie Papa an. »Deine Mutter beschimpft mich, und du fühlst dich nicht verpflichtet, mich zu verteidigen?« Bevor sie aus dem Zimmer stürzte, giftete sie in Richtung Oma: »Vielleicht lass ich mich ja scheiden und werde wirklich Haushälterin. Dann kannst du dich wieder selbst um dein Söhnchen kümmern.«

Erneut endete ein Familienfest im Streit, doch dieses Mal waren nicht die Männer daran schuld. Als Priester hätte ich den Abend vielleicht retten können. Ich wäre aufgestanden und hätte mit ruhiger Stimme gesagt: »Na, wer wird denn hier gleich so laut werden.« Ich hatte nämlich mal gesehen, wie Pastor Ben genau das zu zwei Erwachsenen sagte, die sich vor der Kirche ein erbittertes Wortgefecht lieferten. Die beiden waren auf der Stelle ruhig und trollten sich. Ich fand das toll. Die Leute hatten Respekt vor einem Priester, und was man sagte, war immer richtig. Das Beste aber war: Man bekam Geld dafür, und sogar mehr als Papa im Schichtdienst bei der Eisenbahn. Je länger ich mich mit dem Gedanken beschäftigte, desto besser gefiel er mir. Doch egal, wie sehr ich den HERRN auch um ein Zeichen bat, dass ich den

Weg eines Gottesmannes einschlagen sollte, er blieb stumm.

Ich tröstete mich damit, dass ich bis zur endgültigen Entscheidung noch eine ganze Menge Zeit hatte. Derweil begnügte ich mich, hin und wieder Priester zu spielen. Ich predigte meinem Kassettenrekorder, grüßte päpstlich mein Spiegelbild und segnete unsere Katze mit Weihwasser. Die mochte das gar nicht, aber bei all den Sachen, die man über schwarze Katzen so hörte, wunderte mich das nicht.

Auch Jutta fand meine religiösen Spiele nicht witzig. Es war an einem Sonntagmorgen im Juni, Mama und Papa waren in der Kirche, und meine Schwester schlief noch. Seit geraumer Zeit ging sie schon nicht mehr zur Messe, weil sie, um es mit ihren Worten auszudrücken, »keinen Bock« darauf hatte. Stattdessen trieb sie sich samstags lieber in Kneipen und Diskotheken herum. Mir war das recht, denn je weniger ich sie sah, umso besser war es für alle. Bis vor Kurzem hatte man sich sicher sein können, dass auf eine ihrer schlechten Launen auch wieder eine gute folgte, doch in letzter Zeit war sie nur noch genervt. Das gipfelte eines Tages darin, dass sie mir verbat, sie auf der Straße zu grüßen. Weil ich so hässlich sei, wie sie sagte. An dem Tag schwor ich mir, mich bei nächster Gelegenheit richtig an ihr zu rächen – auch die Sache mit dem Hamster Nico war immer noch ungesühnt. Das Maß war voll. Randvoll. »Der Herr hat einen Tag der Rache bestimmt« (Jes 34,8), und der war nun gekommen.

Nachdem ich mir in der Küche das längste Messer von

allen ausgesucht hatte, ging ich in das Schlafzimmer meiner Eltern und suchte Mamas Karnevalskiste. Papa war an Rosenmontag als Patient verkleidet gewesen und hatte sich dafür künstliches Blut gekauft. Das schmierte ich auf das Messer und auf meine linke Hand, ging zurück in die Küche und begann lauthals zu schreien: »HILFE! JUTTA! HILFE!« Ich setzte mich auf den Küchenboden, legte das Messer gut sichtbar neben mich, hielt meine »verletzte« Hand und wimmerte wie ein verängstigter Hund. Und dann begann ich von vorn: »HILFE! HIIILFE!«

Irgendwann erschien meine schlaftrunkene Schwester, sah mich und das Blut und riss die Augen erschrocken auf, um kurz darauf in Ohnmacht zu fallen. Das lief ja wie am Schnürchen. Dass Jutta kein Blut sehen konnte, war kein Tick, sondern eine echte Phobie, die sie schon öfter zu Boden hatte gehen lassen.

Als sie wieder zu sich kam, stand ich mit einem Kreuz über ihr und flüsterte ihr eine Zeile aus der Offenbarung (12,9) zu: »Er wurde gestürzt, der große Drache, die alte Schlange, die Teufel oder Satan heißt.« Dann machte ich mich schleunigst aus dem Staub.

Als ich am späten Nachmittag wieder zu Hause ankam, wurde ich umgehend in die Küche zitiert. Was die Geschichte mit Jutta zu bedeuten habe, wurde ich gefragt. Und warum ich immer diese schrecklichen Stellen aus der Bibel zitiere. Papa erwog, mich zu einem Psychiater zu schicken, ließ den Plan aber fallen, als ich ihm versicherte, dass das alles doch nur ein Spaß gewesen sei.

»Gut, Psychiater sind sowieso viel zu teuer. Aber mach so etwas nie wieder, hörst du?«

Auch Mama musste ich versprechen, dass ich Jutta in Ruhe ließ, egal wie gemein sie mir gegenüber sein mochte.

»Versprochen«, sagte ich kleinlaut.

Mama war aber immer noch beunruhigt. »Wie bist du denn eigentlich auf die Idee gekommen? Glaubst du wirklich, der Teufel ist in Jutta gefahren?«, fragte sie mich zögerlich.

»Mensch Mama, das würde der Teufel doch gar nicht aushalten«, erwiderte ich grinsend.

Jetzt entspannte sie sich ein bisschen, während Papa das Gesicht verzog und grunzte: »Na, jetzt werd aber nicht gleich wieder frech.«

Jutta war nämlich Papas Liebling, und obwohl sie ihn schon einige graue Haare gekostet hatte, nahm er sie immer wieder in Schutz. Ich hingegen konnte mich auf Mamas Unterstützung verlassen. Egal, was ich ausgefressen hatte, richtig Ärger bekam ich nie. Ein einziges Mal hat mich Papa am Kragen gepackt, doch Mama ging sofort dazwischen und brüllte Papa an, er solle mich loslassen. »Oder willst du, dass der Junge genauso wird wie deine verzogene Tochter?« Es folgte ein lautstarker Streit bis tief in die Nacht, aus der Mama eindeutig als Siegerin hervorging. Von da an hat Papa kein einziges Mal mehr versucht, mich nach seinen Methoden zu erziehen.

Mama zuliebe ließ ich Jutta also mehr oder weniger in Ruhe, und auch das Priesterspielen machte mir irgendwie keinen Spaß mehr. Es war unfair, fand ich: Oma hatte diesen riesigen Altar im Wohnzimmer und sprach praktisch andauernd vom Herrgott. Ich hingegen durfte noch nicht einmal aus der Bibel zitieren, ohne dass Mama und Papa gleich einen Exorzismus in Erwägung zogen. Aber so waren sie nun mal, die Erwachsenen. »Zweierlei Gewicht und zweierlei Maß, beide sind dem HERRN ein Gräuel.« (Spr 20,10) Dabei wusste ich im Grunde meines Herzens doch, dass ich nichts Falsches getan hatte. Zur Sicherheit bat ich den HERRN in meinem Abendgebet trotzdem um Vergebung. Wenn er wolle, könne er sich mit seiner Entscheidung über meine berufliche Laufbahn Zeit lassen, und es müsse auch kein Donner sein, den er mir schicke. »Ein ganz einfaches Zeichen reicht mir. Amen.«

9. Süßes oder Saures – die Heiligen Drei Könige

Anfang 1979, der Schnee lag fast einen Meter hoch, und die Räumfahrzeuge kamen kaum noch hinterher. Wochenlang hatte ich den HERRN um gutes Rodelwetter gebeten, aber er musste es gleich wieder übertreiben. Zum Glück. Wenn es nicht bald zu schneien aufhörte, blieb uns nichts anderes übrig, als unseren jährlichen Zillertalurlaub auf unbestimmte Zeit zu verlängern. Alles in allem also keine schlechten Aussichten.

Gedankenverloren stand ich am Fenster unseres Hotelzimmers und blickte auf das frühmorgendliche Schruns. Papa schnarchte noch, Mama wollte ihre Ruhe. Die hätte ich ihr auch gern gelassen, wäre da nicht plötzlich diese Erscheinung gewesen: Direkt unter unserem Fenster sah ich die Heiligen Drei Könige.

Ich rieb mir die Augen und schaute noch einmal genauer hin. Drei Jungs in Messdienerkitteln mit Kronen aus Pappe stapften durch den tiefen Schnee. Einer von ihnen hielt einen Besenstiel, an dem ein selbst gebastelter Stern prangte, ein anderer hatte sich das Gesicht schwarz angemalt. Insgesamt wirkte der Anblick ziemlich billig.

»Mama«, fragte ich in die Stille hinein. »Ist hier schon Karneval?«

Keine Antwort, wahrscheinlich war sie schon wieder weggedöst.

»Maaaamaaaa!«, versuchte ich es ein zweites Mal.

Jetzt war nicht nur sie wach. »Sag mal, spinnst du?«, knurrte Papa verärgert.

»Da draußen laufen die Heiligen Drei Könige«, verteidigte ich meine Aufregung.

»Ja, und?«, maulte Papa verschlafen zurück. »Lass sie laufen.«

»Aber die sind gar nicht echt.«

»Ach, wirklich?«, murmelte Papa ins Kissen.

Eine Stunde später saßen wir beim Frühstück, und Mama versuchte mir zu erklären, was es mit meiner Beobachtung auf sich hatte. Es sei eine alte Tradition, dass sich die Kinder hier in Österreich am 6. Januar verkleideten, von Haus zu Haus zogen und Geld für die Armen sammelten. In unserer Gemeinde hätte es das auch einmal gegeben, aber seit einigen Jahren sei der Brauch in Vergessenheit geraten.

»Obwohl es für die Sternsinger immer ganz viel Süßigkeiten gab«, fügte Papa augenzwinkernd hinzu.

Und tatsächlich: Als wir nach dem Frühstück zu einem Spaziergang aufbrachen, sahen wir nicht nur die drei Könige, sondern auch ihre zwei Helfer, die mit randvollen Plastiktüten hinter ihnen her stapften. Spätestens ab da konnte ich an kaum etwas anderes mehr denken: zwei Tüten voll Schnuggelzeug in etwas mehr als einer Stunde.

Respekt. Aber konnte es tatsächlich so einfach sein? Ließen sich die Erwachsenen von Pappkronen, Schminke und Kreide derart beeindrucken, dass sie ihre Vorratsschränke öffneten?

Zwei Tage nach dieser schicksalhaften Begegnung fuhren wir zurück nach Koblenz – der HERR hatte ein Einsehen gehabt und nicht noch mehr Schnee geschickt. Bis zu unserer Ankunft zu Hause hatte ich Mama so viele Fragen über die Heiligen Drei Könige gestellt, dass sie direkt in die Bibliothek marschierte und mir alle Bücher über Sternsinger und die Heiligen Drei Könige auslieh, die sie finden konnte.

Nach einer Woche unermüdlichen Lesens war ich um einiges schlauer. Die Heiligen Drei Könige hatte es nie gegeben. In der Bibel las man von Sterndeutern oder Magiern, aber nicht von Königen. Dass es genau drei waren und dass sie ausgerechnet Caspar, Melchior und Balthasar hießen, stand da auch nicht. Ab dem 12. Jahrhundert glaubte man, die Welt bestände aus drei Kontinenten: Europa, Asien und Afrika. Also machte man aus den Weisen die Könige der drei Kontinente und malte den Afrikaner schwarz an. Noch bemerkenswerter war die Tatsache, dass kein einziger Papst sie jemals wirklich heiliggesprochen hatte. Trotzdem bat man sie als Patrone der Reisenden um Hilfe, verehrte ihre Reliquien im Kölner Dom und nutzte ihren Segensspruch als Schutz für die eigenen vier Wände.

In meinen Augen war das so wirksam, als würde ich 19*K+P+S*79 an die Tür malen und darauf hoffen, dass

Captain Kirk, Pille und Spock unser Haus vor den Klingonen beschützten. Doch dem HERRN schien der Zauber um die Pseudokönige nichts auszumachen. Er schickte keine himmlischen Heerscharen, keinen Schwefel, kein Feuer, keine Seuchen – im Gegenteil. Die Sternsinger-Bewegung wuchs von Jahr zu Jahr, und je mehr ich darüber las, desto sicherer war ich, dass die ruhmvolle Zukunft der glorreichen Fünf in der Darstellung der drei Weisen aus dem Morgenland lag.

Die anderen sahen das glücklicherweise genauso, nur Christian bockte ein bisschen. »Ich sehe also aus wie ein Neger?«, fragte er sichtlich verärgert, als Tommi und ich ihn in unseren Plan einweihten. Es war der erste Schultag nach den Weihnachtsferien, und wie immer trafen wir uns in der großen Pause am Hausmeisterbüdchen.

Am Vortag hatte ich gemeinsam mit Tommi die Rollen verteilt. Ich hatte ihm von meinem Erlebnis in Schruns berichtet und die Geschichte der Heiligen Drei Könige erzählt. Das Ergebnis war, dass sich Tommi vor Lachen kaum mehr eingekriegt hatte.

»Was ist denn das für ein Quatsch?«, wieherte er unter Tränen. »Das muss ich unbedingt Papa erzählen. Der sagt nämlich immer, dass die Kirche uns nur belügt.«

»Wie meinst du das?«, fragte ich erstaunt.

»Na, er glaubt, dass es gar keinen Gott gibt. Deswegen geht er ja auch nicht in die Kirche.«

Das war mir noch nie aufgefallen, aber jetzt, wo er es sagte… In der Kirche sah ich wirklich immer nur Tommis Mama.

»Und was meint deine Mutter?«, bohrte ich nach.

»Die sagt, dass ich mir von Papa nichts einreden lassen soll, aber das mache ich ja auch nicht. Ich mach mir lieber meine eigenen Gedanken.«

»Und was denkst du?«

»Ich weiß nicht genau.« Tommi zögerte. »Irgendwie glaube ich, dass Papa recht hat.«

Ich war baff. »Wie jetzt? Du glaubst nicht an Gott, gehst aber trotzdem in die Kirche?«

»Klar. Ich will Mama ja nicht wehtun, und meistens macht das Messdienen und so ja auch Spaß.« Tommi grinste. »Also, wen machen wir jetzt zum Caspar?«

Da wir beide keine Lust auf Schminke hatten, schoben wir Christian den Schwarzen Peter zu. Stefan war für einen König nicht schlau genug, und Lukas stotterte zu viel. Außerdem ging Christian mit seiner dicken Nase und den krausen Locken noch am ehesten als Afrikaner durch – aber das hätten wir ihm vielleicht besser nicht gesagt.

»Die anderen Rollen sind längst verteilt«, hielt ich dagegen, »ich bin Balthasar, Tommi ist Melchior, also bleibt nur Caspar übrig, und der war nun mal Neger. Oder du trägst die Tüten und das Weihrauchfass, dafür gibt es aber weniger Süßigkeiten.«

»Da kommt Stefan«, sagte Christian immer noch sauer. »Frag den doch mal, ob er euer Neger sein möchte.«

»Neger?«, fragte Stefan.

»Wir suchen noch einen Caspar, weil wir nächstes Jahr als Sternsinger gehen wollen«, erklärte ich ihm, aber Stefan verstand mal wieder nur Bahnhof.

»Ihr wollt Kasperletheater spielen?«

»Caspar mit C, du Vollhorst«, mischte sich Tommi ein, »das war einer von den Heiligen Drei Königen.«

»Ah, okay. Und wofür braucht ihr dann den Neger?«

Mir lag schon ein »Vergiss es!« auf der Zunge, als sich Stefans Miene plötzlich erhellte. »Sternsinger, ihr meint die Sternsinger. Mann, die kenne ich aus dem Fernsehen. Da mache ich auf jeden Fall mit.«

Damit hatte keiner von uns gerechnet, am allerwenigsten Christian. Er schob Stefan zur Seite und baute sich wutschnaubend vor mir auf. »Wenn ich mitmache, will ich genauso viel Süßigkeiten wie ihr, auch wenn ich nur die Tüten trage. Ist das klar?«

Klar war in dem Moment nur, dass ich keine gescheuert bekommen wollte, also sagte ich Ja. Im Übrigen ersparte ich mir auf diese Weise eine Diskussion mit Lukas, der wahrscheinlich auch nicht eingesehen hätte, warum er als Sternträger weniger bekommen sollte als wir. Die Sache war also beschlossen.

Elf Monate später saßen wir mit Mama am Küchentisch und bastelten voller Vorfreude an unseren Insignien. Die Kronen schnitten wir aus Pappe aus und beklebten sie mit Goldpapier, den Stern hatte Christian mit der Laubsäge aus Sperrholz ausgesägt. Groß sollte er werden, schön, und für den Fall, dass wir unser Revier verteidigen müssten, auch stabil. Im Oberdorf hatten sie nämlich von unserem Plan Wind bekommen und selbst eine Sternsingertruppe zusammengestellt. Das war mal wieder typisch für die Dumpfbacken, aber sollten sie ruhig kommen. Papa hatte den Holzstern goldglänzend lackiert und an eine zwei Meter lange Aluminiumstange geschraubt. Mit dem riesigen Schweif war er die perfekte Waffe zum Hauen, Stechen und Schlagen.

Christian war mittlerweile Feuer und Flamme für unsere Aktion, selbst wenn er keinen der Könige spielte. Er konnte als Erster seinen Text auswendig, was ihn aber nicht vor Alberts Standpauke rettete. Der hatte nämlich erfahren, dass Christian auf keinen Fall den Schwarzen hatte spielen wollen, und war darüber sehr verärgert. Als er dann auch noch in unseren Gruppenraum kam, als Christian Tommi gerade fragte: »Würdest du lieber eine Tasse Eiter trinken oder einem Neger die Nase ausschlürfen?«, rastete Albert vollkommen aus. Farbige seien ganz normale Menschen, und wenn Christian noch ein einziges Mal einen Negerwitz erzählen würde, bekäme er richtig Ärger.

Dabei hatte Christian diesmal gar keinen Witz erzählt, sondern mit Tommi unser beliebtes *Was würdest du lieber machen*-Spiel gespielt. Dabei ging es bei seiner Frage gar nicht um den Neger, sondern um die Tatsache, dass Eiter giftig war. Aber erkläre das mal einem Erwachsenen.

Auch über unsere Interpretation der Heiligen Drei Könige war Albert nicht glücklich. In seinen Augen war Melchior und nicht Caspar der König von Afrika. Also hatte ich nun das zweifelhafte Vergnügen, drei Tage lang mit Schminke im Gesicht durch die Gegend zu rennen.

Schon bei der ersten Probe merkte ich, dass das noch

viel unangenehmer war, als ich es mir vorgestellt hatte. Nach kurzer Zeit fing die Haut an zu jucken, und immer, wenn ich mich kratzte, musste ich aufpassen, dass ich die Farbe nicht auf meinem weißen Kittel verteilte.

Ein noch größeres Problem war aber Stefan. Egal, wie oft wir unsere Texte übten, er bekam es einfach nicht auf die Reihe. Selbst bei der Generalprobe stammelte er vor sich hin: »Ich heiße König Caspar, mein Reich liegt fern im … Äh, wo komme ich noch mal her?«

»Perserland«, seufzte Tommi genervt. »Wie oft denn noch?«

»Aber das reimt sich doch gar nicht«, entgegnete Stefan überrascht.

So oder so ähnlich ging das schon seit Wochen. Entweder versemmelte er den Anfang seines Textes, oder es haperte in der Mitte. Fehlerfrei ging es nur mit Ablesen, aber das konnten wir auf keinen Fall bringen. Wenn die Oberdörfler das mitbekämen, würden sie uns noch in hundert Jahren dafür verspotten.

»Toll, und jetzt?«, fragte ich in Richtung Stefan, aber der schaute nur beschämt zu Boden.

Albert schlug vor, dass Stefan zu Hause noch einmal richtig üben solle. »Eine Generalprobe muss schiefgehen, sonst klappt die Premiere nicht«, versuchte er uns zu trösten.

»Aber das bringt doch nichts«, widersprach Tommi laut, »der hat das in den letzten vier Wochen nicht gelernt, dann schafft er es auch bis morgen nicht.«

»König Caspar bin ich genannt«, meldete sich da

plötzlich Lukas zu Wort, »mein Reich liegt fern im Perserland. Zum Glück traf ich die beiden andern, so konnten wir gemeinsam wandern.«

Wir glotzten Lukas an und waren sprachlos.

»W-wenn ihr wollt, mach ich den C-C-Caspar, und Stefan g-g-geht als Helfer mit«, stammelte er.

»Himmelarschundzwirn, sag das noch mal!«, entfuhr es Tommi.

»W-wenn ihr wollt, mach ich den C-C-Caspar und ...«, sagte Lukas erneut, doch Tommi fiel ihm ins Wort.

»Nein, nicht das. Ich meine den Spruch, Stefans Spruch.«

»Ach so«, sagte Lukas, wiederholte den Text fehlerfrei und fragte: »S-stimmt doch, oder?«

»Stimmt einhundertprozentig«, bestätigte Albert freudestrahlend. »Dann wäre das Problem ja gelöst. Stefan und Lukas tauschen die Rollen, und wir fangen noch einmal von vorn an. Also, Lukas. Bitte schön.«

»König Caspar bin ich genannt, mein Reich liegt fern im Perserland. Zum Glück traf ich die beiden andern, so konnten wir gemeinsam wandern«, sagte der aufs Neue, ohne sich ein einziges Mal zu verhaspeln.

Jetzt war ich an der Reihe. »Auch ich stell mich nun freundlich vor: Ich heiße König Melchior. In Afrika steht mein Palast. Wie gut tut mir die kurze Rast.«

Daraufhin sagte Tommi: »Ich bin der König Balthasar, bin unterwegs nun fast ein Jahr. Ich bin daheim am fernen Meer, der Weg war mühsam, hart und schwer.«

Christian begann wie wild das Weihrauchfass zu schwenken und sagte dann: »Gott segne dieses Haus und alle, die gehen da ein und aus. Die Liebe sei mächtig, der Herr soll euch führen, das schreiben wir heut auf die Schwellen der Türen.«

Und als Stefan dann auch noch im richtigen Moment fragte, wo er den Segensgruß anschreiben dürfe, gab es kein Halten mehr. Albert applaudierte, wir freuten uns wie die Schneekönige und ließen Lukas hochleben. Keiner von uns verstand, wie er das geschafft hatte, doch er winkte nur ab. Beim Singen und beim Aufsagen von Gedichten müsste er eigentlich nie stottern, das wäre schon immer so gewesen.

Am nächsten Morgen trafen wir uns um neun in der Sakristei. Albert half uns beim Schminken und Anziehen, checkte, ob wir alles dabeihatten, und fragte dann noch einmal, ob er uns nicht doch begleiten solle. Wir aber waren uns einig: Nein, wir waren groß, wir gingen allein. Und so packten wir Stern, Weihrauchfass und Plastiktüten und trabten los.

Am ersten Tag wollten wir alle Häuser zwischen Kirche und Oberdorf abklappern. Das hatte den Vorteil, dass wir die Mittagspause bei uns zu Hause einlegen konnten, wo Mama mit Kartoffelsuppe und Würstchen auf uns wartete. So war zumindest der Plan. Doch irgendwie kam alles anders.

Wir begannen unseren Beutezug in der Trierer Straße, keine einhundert Meter von der Kirche entfernt. Schon der Weg dorthin war ein einziges großes Abenteuer: Autos hupten, Leute winkten, und als Christian dann beim ersten Haus auf die Klingel von Familie Weber im Parterre drückte, schlotterten uns allen die Knie. Mit leisem Summen öffnete sich die Tür, wir drückten uns ins Treppenhaus und legten einstimmig los: »Es führt drei König Gottes Hand, mit einem Stern aus Morgen-laaand…«

Frau Weber war baff, vor ihr trällerte der unmusika-lischste Kinderchor Deutschlands. Nach der ersten Stro-phe sagten wir unsere Sprüchlein auf, und weil sie dann immer noch nicht reagierte, bekam sie eine weitere Kost-probe unseres musikalischen Unvermögens. Später, vor einigen anderen Haustüren, brauchten wir sogar alle sechs Strophen, bis die Leute endlich die Spielregeln ver-standen, doch Frau Weber war schlauer. Nach der zwei-ten Strophen sagte sie »Moment mal«, verschwand in ihrer Wohnung und kam kurz darauf mit fünf Mark und einer Tafel Schokolade zurück. Wir bedankten uns mit einem 19*C+M+B*80 am Türrahmen, stiegen in den ers-ten Stock und begannen von vorn.

Vier Wohnungen und knappe zwanzig Minuten spä-ter standen wir wieder auf der Straße und konnten unser Glück kaum fassen. Insgesamt hatten wir dreiundzwan-zig Mark, drei Tafeln Schokolade, eine Tüte Bonbons und eine Packung Kekse bekommen. Ein großartiger Start, und in der nächsten halben Stunde sollte es ge-nauso weitergehen.

Doch dann kam Haus Nummer 238, und wir lernten, dass auch für Könige nicht immer nur die Sonne schien. Im Erdgeschoss öffnete uns Frau Zabel, eine schwerhörige alte Dame in Kittelschürze. Sie ließ uns alle sechs Strophen singen, bedankte sich freundlich und machte die Wohnungstür ohne weiteren Kommentar wieder zu.

Nach kurzer Beratung beschlossen wir, erneut zu klingeln, woraufhin sie auch gleich wieder öffnete. »Ja bitte?«

»Wir sammeln für Afrika«, ließ ich sie wissen.

»Ne, ne, ne, Freundchen. Du bist nicht aus Afrika«, erwiderte sie aufgebracht. »Du hast dich angemalt. Schämt euch, eine alte Frau so aufs Kreuz legen zu wollen!«

Erneut schlug sie die Tür vor unserer Nase zu, diesmal aber weit weniger freundlich als kurz zuvor. Durch die geschlossene Tür ließ sie uns wissen, dass sie die Polizei rufe, wenn wir nicht auf der Stelle verschwänden, also gaben wir klein bei und zogen enttäuscht eine Etage höher.

Hier öffnete uns laut Klingelschild Herr Esser, ein hagerer, ungepflegter Mann mit schmalen Lippen und Nickelbrille, der uns gleich nach der ersten Strophe abwürgte. »Stopp, stopp, stopp! Ich bin Atheist, ihr braucht euch überhaupt keine Mühe zu geben.« Und, *rums!*, war auch diese Tür wieder zu.

Als dann plötzlich auch noch das Licht im Treppenhaus ausging und wir im Dunkeln standen, wurde ich sauer. Richtig sauer. Ohne die anderen zu fragen, klingelte ich ein zweites Mal, und als Herr Esser erneut öffnete, zitierte ich so laut ich konnte den HERRN: »Denkt nicht, ich sei gekommen, um Frieden auf die Erde zu bringen. Ich bin nicht gekommen, um Frieden zu bringen, sondern das Schwert. Denn ich bin gekommen, um den Sohn mit seinem Vater zu entzweien und die Tochter mit ihrer Mutter und die Schwiegertochter mit ihrer Schwiegermutter; und die Hausgenossen eines Menschen werden seine Feinde sein.« (Mt 10,34-35)

Als ich fertig war, sagte Tommi trocken: »So sieht's aus.«

Lukas ergänzte: »G-g-ganz genau.«

Und bevor Herr Esser irgendetwas sagen konnte, waren wir auch schon die Treppe hinunter, zur Tür hinaus und hielten uns die Bäuche vor Lachen. Sein Gesichtsausdruck – weit aufgerissene Augen und offen stehender Mund – war so beeindruckend gewesen, dass wir noch mehrfach versuchten, ihn nachzumachen, und jedes Mal vor Lachen fast zusammenbrachen, bis sich plötzlich über uns ein Fenster öffnete, und wir im Laufschritt das Weite suchten.

Zehn Minuten später standen wir nassgeschwitzt vor dem Haus meiner Eltern. »Was ist denn mit euch passiert?«, entfuhr es Mama, als sie die Tür öffnete.

»Nichts, ich muss nur ganz dringend aufs Klo«, schwindelte ich und floh auf die Toilette. Die anderen folgten Mama ins Wohnzimmer und setzten sich brav auf die Couch, wo ich ihnen zwei Minuten später Gesellschaft leistete.

»Und? Wie läuft's?«, wollte Mama wissen. »Erzählt doch mal, ich platz ja gleich vor Neugier.«

Mehr als ein »Läuft ganz gut« fiel mir auf Anhieb nicht ein. Von meinem Auftritt bei Herrn Esser wollte ich lieber nicht erzählen, sonst hätte sie sich bestimmt Sorgen gemacht.

Zum Glück kam mir aber Tommi zu Hilfe. »Wir haben schon zweiundsiebzig Mark und ganz viele Süßigkeiten gesammelt.«

»Heiliger Strohsack«, staunte Mama. »So schnell? Wollt ihr denn schon etwas essen, oder möchtet ihr lieber weiter?«

Wir entschieden uns fürs Weitermachen, doch erst einmal musste meine Schminke aufgefrischt werden. Durch das ständige Kratzen und Wischen sowie unsere schweißtreibende Flucht vor Herrn Esser, hatte ich mittlerweile mehr Ähnlichkeit mit einem Schornsteinfeger als mit einem König. Nach wenigen Handgriffen im Badezimmer war mein afrikanisches Äußeres wiederhergestellt. Ich blickte in den Spiegel, hielt die Hände wie ein Bettler vor den Bauch und wackelte mit dem Kopf. Im Grunde sah ich aus wie Omas Nickneger. Das war eine lustige kleine Spardose, mit der man früher in fast jeder Kirche Geld für die Mission in Afrika sammelte. Immer wenn man eine Münze in den Schlitz hinter den bettelnden Händen warf, nickte der kleine Negerjunge als Dankeschön.

Als ich aus dem Bad kam, ließ ich mir meine vergnüglichen Gedanken nicht anmerken, schließlich wollte ich mir keinen neuen Spitznamen einfangen. Die glorreichen Fünf besprachen das weitere Vorgehen, und wir beschlossen einstimmig, erst einmal in unserer Straße zu bleiben. Das hatte den Vorteil, dass Tommi und ich schon im Voraus wussten, was auf uns zukam. Ackermanns? Lohnte sich. Beckers? Lohnte sich *auf jeden*.

Müllers? Lohnte sich bestimmt nicht. Doch gerade bei Familie Müller lag ich mit meiner Prognose vollkommen falsch. So knickrig wie sie bei meiner Kommunion auch gewesen waren, jetzt überhäufte uns Frau Müller mit Süßigkeiten und gab darüber hinaus zehn Mark in unsere Spendendose. Ich hatte wirklich alle Mühe, das Ganze nicht persönlich zu nehmen.

Als wir bei Müllers fertig waren, klingelten wir bei meinem Patenonkel, aber niemand öffnete. Wir wollten gerade weiter, als Tante Saskia zur Tür gehechtet kam. »Ihr seid viel zu früh«, sagte sie, »aber kommt rein, kommt rein. Ich hab Kakao und Kuchen für euch. Und wer will, kann auch ein Mohrenkopfbrötchen haben.«

Tante Saskia war mal wieder die Beste. Sie wusste von Mama, dass wir im Laufe des Tages bei ihr aufschlagen würden, und hatte extra noch einen Käsekuchen gebacken. Wir blieben eine halbe Stunde, schlugen uns die Bäuche voll und verabschiedeten uns dann mit unserem Lied und unserem Segen.

Drei Häuser weiter erwartete uns Tommis Mama ebenfalls mit frisch gebackenem Kuchen. Auch hier machten wir kurz Pause, tranken Tee und pressten in uns rein, was irgendwie ging. Danach waren wir zwar müde, zwangen uns aber trotzdem wieder auf die Straße. Wenigstens die Straße und den Wahlsweg wollten wir an diesem Tag zu Ende bringen. Hinter dem Wahlsweg begann das Oberdorf, und so gut wie es bisher gelaufen war, hatten wir Wildern in fremden Revieren nun wirklich nicht nötig. Das restliche Gebiet des Unterdorfes war so groß, dass wir es in den nächsten zwei Tagen sowieso nicht komplett abklappern konnten.

Vollgefressen schleppten wir uns von Haus zu Haus, sangen und sammelten, was das Zeug hielt. Überall bekamen wir Lob, Anerkennung und Süßigkeiten, außer bei der Frau vom Pfeifenhannes und bei Eva. Frau Pfeifenhannes öffnete erst gar nicht, obwohl wir sie kurz vor unserem Klingeln noch schimpfen gehört hatten, und Eva wusste mal wieder alles besser. Scheinbar hatte sie bereits auf uns gewartet, denn als wir in die Einfahrt zum Haus ihrer Eltern einbogen, lehnte sie bereits aus einem Fenster im ersten Stock und rief mir entgegen: »Klasse Schminke. Solltest du öfter tragen. Wenn ich mir jetzt noch vorstelle, dass du das Tutu von deinem Vater anziehst…«

Ich versuchte, meinen Ärger runterzuschlucken, und fragte stattdessen scheinheilig freundlich: »Sind deine Eltern da?«

»Nein, sind sie nicht«, gab Eva zurück, »aber die würden euch auch nichts geben. Mama sagt immer, wenn die drei Weisen aus dem Morgenland Frauen gewesen wären, dann hätte die Geschichte ganz anders ausgesehen. Die wären nämlich nicht so lange herumgelaufen. Die hätten einfach nach dem Weg gefragt, wären rechtzeitig angekommen und hätten dann bei der Geburt geholfen. Und Weihrauch hätten die auch nicht dabeigehabt, sondern Windeln und Spielzeug. Danach wären sie auch bestimmt nicht einfach abgehauen. Denkt mal drüber nach.«

»Doofe Kuh«, sagte ausgerechnet Stefan und sprach uns damit allen aus der Seele. Wir drehten uns auf dem Absatz um und machten, dass wir wegkamen. Mit Eva zu diskutieren, hatte überhaupt keinen Zweck, das wussten wir alle.

»Die ist wahrscheinlich nur neidisch«, vermutete Christian, als wir wieder auf der Straße standen. Er hob die beiden vollbepackten Tüten in die Höhe. »Hat sie auch allen Grund zu.«

»Das ist ungereeecht«, rief ich mit verstellter Stimme, und ein weiteres Mal lachten wir, bis uns die Bäuche wehtaten.

Eine Stunde später waren wir endlich durch, sowohl mit dem Wahlsweg als auch körperlich. Die Füße schmerzten, und unsere Stimmen waren vom vielen Singen schon ganz heiser. Trotzdem wollte Christian unbedingt noch zu seinen Großeltern. Die wohnten knappe einhundert Meter entfernt, mitten im Feindesland. Ob das eine gute Idee war?

Der Herr sprach zu mir. »Sag ihnen: Ihr sollt nicht hinaufziehen und nicht kämpfen; denn ich bin nicht in eurer Mitte. Ich will nicht, dass eure Feinde euch niederstoßen.« (5 Mos 1,42)

Natürlich interessierten Christian meine Bedenken nicht die Bohne. Er schubste mich zur Seite und verkündete: »Die Feiglinge zu Ralf, alle anderen mir nach!« Dann marschierte er los.

Stefan stiefelte sofort hinterher, die anderen zwei Könige waren so unentschlossen wie ich. Gemeinsam beratschlagten wir, was wir tun sollten, als Stefan und Christian auch schon in die Rübenacher Straße einbogen und kurz darauf nicht mehr zu sehen waren. Tommi gab zu bedenken, dass es keine gute Idee sei, die zwei allein ziehen zu lassen, schließlich hätten sie all unsere Süßigkeiten. Lukas wollte lieber nach Hause. Er meinte, wir würden ja auch nicht wollen, dass die Dumpfbacken in unser Revier kämen, also sollten wir auch ihr Gebiet respektieren.

»Vielleicht warten wir einfach hier, die werden schon wiederkommen«, schlug ich vor. »Ein Stern und ein Weihrauchfass machen noch lange keine Sternsinger.«

Zum zweiten Mal an diesem Tag lag ich komplett daneben. Fünfzehn Minuten später waren Christian und Stefan immer noch nicht zurück, und uns wurde langsam richtig kalt. Gerade als wir nach Hause gehen wollten, kam Stefan um die Ecke gerannt. Ohne Christian, und – was noch viel schlimmer war – ohne Süßigkeiten und ohne Stern. Völlig außer Atem stammelte er etwas von »Überfall«, »Dumpfbacken« und »alles weg«, außerdem läge Christian auf dem Bürgersteig und würde sich nicht mehr bewegen.

HERR im Himmel, das durfte nicht wahr sein. Nicht unsere Süßigkeiten! Im Affenzahn folgten wir Stefan zum Ort des Geschehens, wo Christian mittlerweile auf einer kleinen Mauer saß und sich mit schmerzverzerrtem Gesicht den Hinterkopf rieb. Von unseren Sachen und den Deppen keine Spur. »Die waren zu acht, wir hatten überhaupt keine Chance«, sagte er leise.

»Echt nicht«, bestätigte Stefan und sah aus wie ein begossener Pudel.

Betroffen standen wir um Christian, der sein Gesicht in den Händen versteckte. Erst als Tommi fragte, was wir denn jetzt machen sollten, blickte er auf und schaute uns breit grinsend an. »Jetzt? Jetzt klingeln wir bei meinen Großeltern, holen dort unsere Sachen ab und singen als Dankeschön unser Lied.« Er japste vor Vergnügen. »April, April, wir haben euch reingelegt!«

Eigentlich hätten wir die beiden auf der Stelle verprügeln sollen, aber als König machte man so etwas nicht. Außerdem war Christian viel zu stark und sein Lachen viel zu ansteckend. Nachdem wir uns wieder einigermaßen beruhigt hatten, klingelten wir bei seinen Großeltern, sangen unser letztes Ständchen und machten uns vergnügt auf den Heimweg.

Die echten Heiligen Drei Könige hatten damals wohl nicht so viel Glück. Was nach ihrem Besuch beim Christkind genau geschah, ist leider nicht überliefert, doch sollten sie tatsächlich wieder nach Hause gereist sein, dann ohne ihre Knochen. Diese fand die Mutter von Kaiser Konstantin nämlich in Palästina und brachte sie ihrem Sohn, der sie umgehend an den Mailänder Bischof verschenkte. In Mailand blieben sie fast achthundert Jahre, bis Kaiser Barbarossa die Gebeine klaute und mit nach Köln nahm, wo er sie in einen goldenen Schrein steckte. Seitdem ruhen sie im Kölner Dom, und wenn sie nicht gestorben sind, dann... äh... nein.

10. Himmlische Aussichten

Keine Frage, ich war ein Glückskind. Ich hatte liebe Eltern, eine tolle Familie und richtig gute Kumpels. Aber das Allerbeste war: Wenn ich mich zukünftig nicht allzu dämlich anstellen würde, käme ich eines Tages in den Himmel, müsste nie wieder Hausaufgaben machen und könnte bis in alle Ewigkeit mit meinen Freunden Fußball spielen und schangeln.

Vor allem Letzteres war schon seit Monaten der absolute Renner auf dem Schulhof. In jeder freien Minute stellten wir uns nebeneinander auf und warfen unter Johlen und Geschrei Zehnpfennigmünzen an eine Wand – jeder eine, immer schön der Reihe nach. Derjenige, dessen Münze den geringsten Abstand zur Wand hatte, sackte die ganze Kohle ein, und dann ging der Spaß von vorn los. Um beim Schangeln gewinnen zu können, brauchte man starke Nerven, eine ruhige Hand und ein kleines bisschen Glück. Was man gar nicht brauchen konnte, waren Gegner wie Jörg und Peter, denn die waren nahezu unschlagbar. Gut also, dass es keiner der beiden jemals in den Himmel schaffen würde. Jörg war zu faul und Peter zu evangelisch,

oder um es mit den Worten meiner Sinzheimer Oma auszudrücken: Er war ein Ketzer.

Peter stammte aus einer Familie, die von Weihwasser,
Heiligenfiguren und Madonnen nichts wissen wollte,
aus einer Familie, die regelmäßig einen Gottesdienst besuchte, den eine Frau hielt. Und das, obwohl man in der
Bibel doch eindeutig nachlesen konnte, was der HERR von
Frauen hielt: »Denn der Mann ist das Haupt der Frau, wie
auch Christus das Haupt der Kirche ist; er hat sie gerettet,
denn sie ist sein Leib. Wie aber die Kirche sich Christus
unterordnet, sollen sich die Frauen in allem den Männern
unterordnen.« (Eph 5,23-24)

In unserer Schulklasse gab es drei evangelische und
zweiundzwanzig katholische Kinder. Wie wahrscheinlich war es wohl, dass ausgerechnet die Evangelischen
recht hatten? Ich zumindest war mir absolut sicher: Peter
würde ich nach meinem Tod genauso wenig wiedersehen wie Kathrin Kling. Die war nämlich Zeugin Jehovas,
und deren Ideen waren noch viel verrückter als die von
Peter und seiner Familie. Nach der Schlacht von Arma-
geddon, die uns bald bevorstände, würden 144 000 von
ihnen mit dem HERRN im Himmel residieren. Die restlichen Zeugen Jehovas kämen in ein Paradies auf Erden,
während alle anderen Menschen vernichtet würden. Na
klar, und mein Onkel war der Kaiser von China.

Eines Tages standen mal zwei von diesen Typen vor unserer Haustür und wollten über die Bibel reden. Gut
gelaunt bat Mama die beiden herein, bot ihnen eine

Tasse Tee an und geleitete sie ins Wohnzimmer. Es war ein älteres Pärchen, was da hinter meiner Mutter herschlich. Er dünn und gebückt, sie krähengleich mit spitzer Nase und fehlendem Kinn. Auf dem Weg durch unseren Flur kamen sie an der Küche vorbei, wo ich gerade an meinen Hausaufgaben saß. Ich blickte kurz auf, grüßte und versank wieder in die Umrechnung von Tonnen in Kilogramm.

Zwei Minuten spater kam Mama, um das Teewasser aufsetzen. »Mal sehen, was die zu sagen haben«, flüsterte sie mir zu. »Bringst du uns gleich den Tee rüber?«

Ich nickte und machte weiter. Fünfzehn Minuten später dachte ich wieder an meinen Auftrag, goss das heiße Wasser in die Kanne und brachte sie ins Wohnzimmer.

»Den Tee brauchen wir nicht mehr«, sagte Mama sichtlich gereizt. Ich wollte mich gerade für die Verspätung entschuldigen, als sie hinzufügte: »Stell dir vor, die Herrschaften würden ihre eigenen Kinder verbluten lassen.«

»Aber Sie glauben doch auch an Gott«, erwiderte der Mann, während die alte Schachtel neben ihm nervös hin und her rutschte, als würde sie jeden Moment ein Ei legen.

Plötzlich richtete sie sich auf und eilte mit piepsender Stimme dem Mann zu Hilfe. »Im 3. Buch Mose können Sie nachlesen, dass wir Menschen keine Bluttransfusionen annehmen dürfen.«

»Was auch immer da stehen mag, es kann nicht so wichtig sein wie das Leben meines Sohnes«, entgegnete meine Mutter zornig, »und wenn Sie da anderer Meinung sind, dann tut es mir um Ihre Kinder sehr, sehr leid. Und jetzt gehen Sie bitte.«

Selten habe ich meine Mutter so wütend gesehen wie in diesem Moment, aber ich konnte sie sehr gut verstehen.

Kathrin war den beiden Alten ziemlich ähnlich. Auf den ersten Blick wirkte sie ängstlich und zurückhaltend, aber sobald man mit ihr redete, wurde sie rechthaberisch und doof. Trotzdem tat mir Kathrin ein bisschen leid, denn ihre Familie feierte weder Weihnachten noch Geburtstage, und auf dem Schulhof war sie immer allein. Genau wie Peter hatte sie sich das ja so nicht ausgesucht, beide waren einfach nur in die falsche Familie geboren worden. Ganz schön heftig, dass sie deswegen für alle Ewigkeit in der Hölle schmoren mussten.

Auch für Erdal gab es keinen Platz im Himmel, und das war nicht weniger ungerecht. Ursprünglich kam Erdal aus Selçuk, einer kleinen Stadt in der Türkei, direkt neben dem antiken Ephesus. Seit geraumer Zeit studierte er aber in Deutschland und wohnte bei den Eltern meiner Mutter in der Einliegerwohnung. Ich mochte diesen Typ, denn er war fröhlich und hilfsbereit und nahm mich Elfjährigen – im Gegensatz zu manch anderen Erwachsenen – immer ernst. Dennoch war auch Erdal verloren, und das hatte gleich mehrere Gründe. Zum einen war er Moslem. Er aß kein Fleisch, nannte den HERRN Allah und glaubte nicht an die Bibel, sondern an ein Buch, das er Koran nannte. Allein das war ja schon Grund genug für die Hölle, aber Erdal hatte noch mehr zu bieten. Bis vor knapp einhundert Jahren hatte seiner Familie der Tempel der Artemis gehört, eines der antiken sieben Weltwunder, wegen dem der Apostel Paulus längere Zeit im Gefängnis gesessen hatte. Selbst wenn Erdals Familie gar nicht gewusst hatte, was für eine Gotteslästerung da unter ihrem Olivenhain ruhte – mit so einem Erbe im Gepäck kam man bestimmt nicht in den Himmel.

Doch Erdal war sich keiner Schuld bewusst. »Wegen den paar Steinen kommt doch keiner in die Hölle«, lachte er, als ich ihn in meine Überlegungen einweihte. Genau genommen waren es aber gar nicht meine Überlegungen, sondern die meiner Sinzheimer Oma, und als Erdal so lachend vor mir stand, war ich mir plötzlich gar nicht mehr so sicher, dass an denen was dran war. Allah sei nur ein anderes Wort für den HERRN, also würden wir eigentlich an denselben Gott glauben und irgendwann auch im selben Himmel landen, erklärte mir Erdal. Aber wenn das wirklich so war, warum musste ich dann andauernd zur Beichte und er nie? Richtig überzeugen konnte mich seine Argumentation nicht, und als ich das nächste Mal mit meiner Sinzheimer Oma darüber sprach, wurde sie richtig böse. Komischerweise mit mir. Ich solle mir von dem Türken nichts erzählen lassen, der sei nicht gut für mich, wetterte sie. Die Moslems seien genauso verlogen wie die Juden, die unseren HERRN Jesus Christus ans Kreuz genagelt hätten. Ich konnte mir beim besten Willen nicht vorstellen, dass Erdal mich anlog – aber vielleicht war er kein typischer Moslem. Und was die Juden anging, mit ihnen hatte ich überhaupt keine Erfahrung.

Immerhin wusste ich mittlerweile, woran man Juden und Moslems erkennen konnte: am Pipimann. Opa hatte mir damals auf der Kommunionfeier doch noch den Witz mit der Konfession erklärt, und Erdal bestätigte seine Aussage. Demnach schnitten sowohl die Juden als auch die Moslems ihren kleinen Jungs ein Stückchen Haut vom Pipimann ab. Warum sie das taten, konnten mir beide nicht so genau sagen, dafür hatte Opa aber eine andere lustige Geschichte auf Lager. Er behauptete, Jesus sei vor seiner Wandlung zum Christus auch Jude gewesen, und in der Bibel könne man nachlesen, dass auch ihm da unten etwas weggeschnitten worden war. Dieses kleine Etwas war lange Zeit Anlass für wildeste Spekulationen. War die heilige Vorhaut verwest, geschrumpft oder vielleicht wieder nachgewachsen? Saß Jesus mit oder ohne Vorhaut beim letzten Abendmahl? Fuhr er mit oder ohne Vorhaut in den Himmel auf?

Zumindest letztere Frage könne man ganz klar mit einem »Ohne« beantworten, meinte Opa mit einem schelmischen Augenzwinkern. Karl der Große habe die Vorhaut nämlich anlässlich seiner Kaiserkrönung am 25. Dezember 800 Papst Leo III. geschenkt, woraufhin sie zu den vielen anderen vatikanischen Reliquien in die Kapelle Sancta Sanctorum im Lateran gekommen war. Dort war sie bei der Plünderung Roms 1527 von einem deutschen Söldner gestohlen worden, der wiederum auf dem Rückzug nördlich von Rom von einem Grafen Anguillara festgenommen und in der Burg von Calcata festgesetzt worden war. Der Soldat soll das Zipfelchen Haut in sei-

ner Zelle so gut versteckt haben, dass man sie erst dreißig Jahre später entdeckte. Von dort fand sie ihren Weg in
die Pfarrkirche des Ortes, wo Opa sie bei seinem letzten
Italienurlaub mit eigenen Augen gesehen hatte.

Was für eine dreiste Geschichte. Da erzählten die Italiener in diesem Dorf schon seit Jahrhunderten so eine
Räuberpistole, und keiner tat was dagegen. »Wer einen
von diesen Kleinen, die an mich glauben, zum Bösen ver-
führt, für den wäre es besser, wenn er mit einem Mühl-
stein um den Hals ins Meer geworfen würde.« (Mk 9,42)
Jawohl, ins tiefste Meer mit ihnen! Ich ließ mich doch
nicht verkohlen.

Mit meinem Schulkameraden Jörg und der doofen
Eva hatte ich genauso wenig Mitleid. Sollten sie nach
ihrem Tod ruhig in der Hölle schmoren, mich ging
das nichts mehr an. Ich hatte sie mehrfach gewarnt, sie
waren beide katholisch getauft, und allerspätestens seitdem wir in der Schule Religionsunterricht hatten, sollte
ihnen der Ernst der Lage bewusst sein. Einmal die Woche
beschwor Frau van der Elst über unseren Köpfen Himmel und Hölle, und wer nicht aufpasste, der kassierte
schon mal einen leichten Klaps auf den Hinterkopf. Natürlich war das nicht mehr zeitgemäß, aber wer würde
einer alten Damen in den letzten Monaten ihres Arbeits-
lebens daraus einen Strick drehen wollen? Frau van der
Elsts Lieblingsbuch und wichtigstes Unterrichtsmaterial
war der Katechismus der Katholischen Kirche von Papst
Pius X. Er stand zwar seit Jahrzehnten nicht mehr auf
dem Lehrplan, aber was früheren Kindern nicht gescha-

det hatte, sollte auch bei uns funktionieren. Am Anfang jeder Stunde stellte Frau van der Elst eine Frage, erzählte uns dazu ein paar Geschichten und las uns am Ende die Antwort aus dem Katechismus vor. Dann schrieben wir die Antwort ab und lernten sie bis zum nächsten Mal auswendig. Eigentlich ganz einfach. Eine der ersten Fragen hatte beispielsweise gelautet: Warum sind wir auf der Welt? Die Antwort: Wir sind auf der Welt, um Gott zu erkennen, ihm zu dienen, ihn zu lieben und einst zu ihm in den Himmel zu kommen.

Warum Eva, Jörg und noch ein paar andere aus unserer Klasse trotzdem nie zum Gottesdienst kamen, war mir vollkommen schleierhaft. Den HERRN erkennen und dienen – das war so einfach, dass sogar Stefan es verstand. Auf der anderen Seite gab es mir aber auch ein gutes Gefühl, dass es nicht jeder in den Himmel schaffen würde. Mochte Jörg noch so viele Matchbox-Autos haben und Peter immer nur Einsen schreiben, am Ende zählte das alles nicht. Am Ende war nur wichtig, dass der HERR einen nicht zum Teufel jagte. In die Hölle. Ort der ewigen Finsternis und Qual, wie Frau van der Elst es nannte.

»Stellt euch einfach mal das Schlimmste vor, was euch je passiert ist«, erklärte sie uns eines Tages. »Tausendmal schlimmer ist die Hölle.« Das war wieder einer der Momente, wo es im Religionsunterricht mucksmäuschenstill wurde – genau bis zu dem Moment, als Evas Fingerschnippen die Ruhe unterbrach. Frau van der Elst verzog die Mundwinkel, weil sie wohl schon ahnte, dass jetzt wieder einer von Evas »Mama sagt«-Sätzen kam. Trotzdem erteilte sie ihr das Wort.

»Mama sagt, die Hölle wäre nur eine Erfindung der Menschen«, ließ Eva uns wissen.

»Soso«, entgegnete Frau van der Elst lässig, »dann kann man nur hoffen, dass sie recht hat und knapp eine Milliarde Christen sich täuschen, sonst wird es für deine Mutter irgendwann ganz schön ungemütlich.«

Das schien auch Eva zum Nachdenken anzuregen, denn gleich in der nächsten Unterrichtsstunde wollte sie von Herrn Lochmann wissen, wie viel denn eine Milliarde sei.

Ich jedenfalls musste das nicht wissen und auch gar nicht lange nachdenken. »Das Schlimmste, was einem je passiert ist, nur tausendmal schlimmer.« Allein die Tatsache, dass es eine Hölle geben und ich dort für alle Ewigkeit auf dem Dreimeterbrett stehen und mich unter schallendem Gelächter meiner Mitschüler weder vor noch zurück bewegen *könnte*, ließ mich den HERRN erkennen, lieben und ihm dienen.

11. Die Guten ins Töpfchen, die Schlechten ins Kröpfchen – der Weg in die Klosterschule

»Das ist ungereeecht …«, echote es in meinem Kopf.

Erschreckt öffnete ich die Augen, doch von Eva war weit und breit nichts zu sehen. Ein Traum. Und was für einer.

Auf dem Weg ins Badezimmer versuchte ich mich an die Details zu erinnern, doch das war gar nicht so einfach. Grob zusammengefasst war Folgendes passiert: Eva und ich hatten wegen irgendetwas Streit, plötzlich erklang eine Trompete, dann kam der Erzengel Raphael angeflattert. »Du hast unrecht, Eva«, brüllte er durch meinen Traum. Eva, die mit weit aufgerissenen Augen neben mir stand, wollte sich gerade rechtfertigen, als der Engel ihr das Wort abschnitt und rief: »Schweig, Eva! Du hast genug geredet. Und du, Ralf, komm. Ich führe dich auf eine Schule, zu der dir Eva niemals folgen wird.«

Und genau so war es. Der HERR hatte mich auserwählt, und ich folgte seinem Ruf. Fortan besuchte ich das Gymnasium mit dem besten und längsten Namen überhaupt: das staatlich anerkannte katholische Privatgymnasium St. Martin der Paderborner Patres in Lahnstein. Andere aus meiner Klasse hatten da weniger Glück gehabt. Jörg zum Beispiel kam auf die Hauptschule, Christian und Stefan auf die Realschule. Eva durfte zwar auch aufs Gymnasium, aber für meines war sie trotz hervorragender Zeugnisse nicht gut genug. Oder anders ausgedrückt: Sie war ein Mädchen.

Denn um aufs St.-Martin-Gymnasium zu kommen, musste man zuallererst einmal ein Mann sein, Krone der Schöpfung, Ebenbild Gottes, starkes Geschlecht und so weiter und so fort. Dann brauchte man den richtigen Glauben, also den Glauben an den einen wahren Gott, und wenn beides stimmte, noch einigermaßen gute Noten. Außer mir schaffte es nur Tommi, was vielleicht aber auch daran lag, dass sich die anderen aus unserer Klasse gar nicht erst beworben hatten. Vielen war wahrscheinlich schon der Weg nach Lahnstein zu weit. Vierzig Minuten mit dem Bus waren ja auch wirklich kein Katzensprung – aber dafür war man auf dem St.-Martin-Gymnasium etwas ganz Besonderes. Man war ein Klosterschüler, hatte Latein, einen Pater Direktor und einen Schulnamen, den andere noch nicht einmal aussprechen konnten. Doch vor allem: Man musste sich nicht mit nervenden Mädchen in der Klasse rumschlagen.

Papa schien darüber ein wenig besorgt, weshalb er mich ganze drei Mal fragte, ob es mir mit dem St.-Martin-Gymnasium auch wirklich ernst sei. Sogar auf dem Weg zur Anmeldung fing er noch einmal damit an. Wir saßen in Festtagskleidung im Auto, Papa fuhr, Mama saß neben ihm, und ich hatte es mir auf der Rückbank bequem gemacht.

»Ich hoffe, du hast dir das auch wirklich gut überlegt«, erklärte er seinem Rückspiegel, »neun Jahre auf einer reinen Jungenschule sind eine lange Zeit. Nicht dass du dich eines Tages ärgerst.«

Bevor ich irgendetwas sagen konnte, zischte Mama: »Jetzt lass endlich den Jungen zufrieden. Das St.-Martin-Gymnasium ist die beste Schule weit und breit.«

Und damit war das Gespräch offiziell beendet. Ich war froh drum, denn ich war mir wirklich absolut sicher: Selbst der HERR hatte es nicht geschafft, aus einer einzigen Rippe des Mannes etwas Brauchbares zu basteln. Was sollte mir ohne Mädchen also fehlen?

Nachdem wir das Ortsschild von Niederlahnstein passiert hatten, begann ich doch noch einmal kurz zu zweifeln. Was für ein Kuhkaff war das denn bitte? Hier sah es fast so aus wie zu Hause, nur tausendmal schlimmer. Neben dem holprigen Bürgersteig standen kleine Mauern und Zäune, dahinter Vorgärten und Häuser, die ihre beste Zeit lange hinter sich hatten. Papa fuhr unbeirrt weiter, bis die Häuser weniger wurden und die Straße auf einem Parkplatz endete.

Jetzt kam die Stunde der Wahrheit. Gespannt stieg ich aus dem Wagen und blickte mich nach allen Seiten um. In knapp fünfzig Metern Entfernung entdeckte ich den Rhein, an dessen Ufern riesige Kastanienbäume eine wunderschöne kleine Kirche säumten.

»Das da ist das Kloster«, sagte Papa und zeigte auf ein altes Gemäuer direkt neben der Kirche, »aber wo ist das Sekretariat?«

»In der Schule, tippe ich mal«, verkündete Mama frech und wies in die andere Richtung. Dort standen mehr oder weniger bunt zusammengewürfelte Gebäude mit einem großen Platz in der Mitte, der wie ein Schulhof aussah, nur größer und moderner als der meiner Grundschule. Ich war begeistert. Als wir fünf Minuten später an die Tür des Pater Direktors klopften, stand mein Entschluss felsenfest: Hier wollte ich bleiben.

Eine tiefe Männerstimme bat uns herein, und im nächsten Augenblick standen wir vor einem mächtigen Schreibtisch aus dunkler Eiche, hinter dem ein Mann mit schneeweißem Haar und ebenso weißer Soutane saß und uns freundlich anlächelte. Pater Lothar Leimann, der Pater Direktor, hatte uns bereits erwartet und kam direkt zur Sache.

»So, liebe Familie Prestenbach, bevor wir die Einschulung besiegeln, müssen wir schauen, ob Ralf auch wirklich zu uns passt.« Er bedeutete uns Platz zu nehmen, schaute mir tief in die Augen und fragte: »Glaubst du an Gott, Ralf?«

Ich war verunsichert. Warum sollte ich mich für eine Klosterschule beworben haben, wenn ich *nicht* an den HERRN glaubte? Ich überlegte kurz, ob das vielleicht eine Fangfrage sein könnte, fand aber keinen Haken und nickte.

Pater Direktor fuhr sichtlich zufrieden fort. »Gut, dann steht deiner Einschulung nichts mehr im Wege. Wir Patres möchten euch Kindern eine gute Bildung mitgeben, aber vor allem möchten wir unserem christlichen Auf-

trag gerecht werden. Neben dem normalen Religionsunterricht haben wir deswegen auch einmal pro Woche
einen verpflichtenden Schulgottesdienst. Wenn das alles
in Ordnung für dich ist, brauchst du nur hier unten zu
unterschreiben.«

Er reichte mir einen Stift und zeigte auf ein Blatt Papier, welches vor ihm auf dem Schreibtisch lag. Zum ersten Mal in meinem Leben durfte ich selbst einen Vertrag
unterschreiben – jetzt war ich also erwachsen. Mama kullerte eine Träne aus dem Augenwinkel, und sogar Papa
war sichtlich gerührt.

Die ersten Wochen und Monate auf der neuen Schule
waren sensationell aufregend. So viele neue Mitschüler, so viele Unterrichtsfächer und so viel Abwechslung.
Während uns in der Grundschule Herr Lochmann das
meiste selbst beigebracht hatte, gab es hier für fast jedes Fach einen anderen Lehrer. Dass einige von ihnen
auch noch Patres waren, machte die Sache besonders
spannend. Genau wie Pastor Ben hatten sich diese Männer dem Dienst des HERRN verschrieben, nur einen Tick
konsequenter. So wie es die Jünger Jesus vor zweitausend
Jahren vorgemacht hatten, lebten die Brüder gemeinsam
hier, beteten mehrmals täglich und waren immer fürei-
nander da. Kurz gesagt: Sie waren auf dem direkten Weg
in den Himmel.

Trotzdem konnte man manchmal meinen, dass nicht
alle so zufrieden waren, wie sie es eigentlich hätten sein
müssen, allen voran Pater Wilhelm. Dieser Mann war
ein lebendiger Vulkan, und schon bald war uns Schü-

lern klar, dass das Grauen tatsächlich einen Namen hatte: Latein. Dreimal pro Woche zerpflückten wir die Sätze einer längst vergangenen Sprache, wobei der Unterricht immer nach gleichem Schema verlief. Ein Schüler las den lateinischen Satz vor, ein anderer musste ihn ins Deutsche übersetzen. Pater Wilhelm lehnte derweil lässig am Lehrerpult, um bei der kleinsten Unstimmigkeit zu explodieren.

»Stooop! Die Herrin ruft? *Wen* ruft die Herrin? *Wo* ist das Objekt? Mensch, du Nebulo, lies doch einfach, da steht es doch. *Domina ancillam vocat.*«

»Äh, dann ruft die Herrin vielleicht Ancillam?«

»Sie ruft nicht ›vielleicht Ancillam‹. Sie ruft Ancillam. Und wer ist diese Ancillam? Weiß denn wirklich keiner von euch, wen die Herrin da ruft? Ich meine außer Thomas. Nicht? Gut, Thomas, dann erklär den Hohlköpfen bitte mal, was eine Ancillam ist.«

Tommi hatte sich binnen kurzer Zeit zum Klassenprimus in Latein gemausert, was ihn zu einem von Pater Wilhelms Lieblingsschülern machte. Den Rest der Klasse hielt unser Lehrer für hoffnungslose Fälle, woraus er auch keinen Hehl machte. Dabei hätte er nur einmal die Liste seiner lateinischen Spitznamen abfragen müssen, um zu sehen, dass wir durchaus lernfähig waren.

Zum Glück waren die anderen Patres viel entspannter. Unser Mathelehrer Pater Josef zum Beispiel war das genaue Gegenteil von Pater Wilhelm. Er war verständnisvoll, gutmütig und hatte eine schier endlose Geduld. Und er hatte ein Hobby, das mir als Sohn eines Eisenbahners ein paar zusätzliche Pluspunkte in Mitarbeit einbrachte: Pater Josef sammelte Bremszettel. Für ihn waren die kleinen handbeschriebenen Zettel der Bundesbahn, auf denen Lokführer Achsenzahl, Zuggewicht und Bremsverhältnisse ihrer Maschine notierten, eine Art Kreuzworträtsel-Ersatz, die er in seiner Freizeit gern nachrechnete. Und während sich andere aus meiner Klasse die Mühe machten, auf dem Koblenzer Hauptbahnhof an die Loks zu klopfen, lieferte mir Papa Berge von Bremszetteln direkt frei Haus.

Außer Pater Wilhelm und Pater Josef unterrichtete uns auch Pater Peter. Er war nicht nur Biologielehrer, sondern gleichzeitig auch Chef unserer Gemeinschaft Christlichen Lebens, kurz GCL. Die GCL war ein bisschen wie die Pfadfinder, nur dass sie sich auf den Heiligen Bertram von Loyola berief, welcher vor knapp fünfhundert Jahren einen bemerkenswerten Lebenswandel gepflegt hatte.

Als baskischer Adliger geboren, verbrachte er die ersten dreißig Jahre seines Lebens in Saus und Braus, trank gern über den Durst und verrichtete einen standesgemäßen Dienst beim Militär. Doch dann kam der Tag, an dem er im Kampf um die Stadt Pamplona schwer verletzt wurde. Eine Kanonenkugel durchschlug seine Beine und fesselte ihn dadurch monatelang ans Bett. Sein Unglück trieb ihn in die Fänge seiner frommen Schwägerin, die kurzerhand all seine Ritterromanzen beschlagnahmte und stattdessen nur christliche Bücher auf den Nachttisch legte. Und siehe da, der Plan der Schwägerin ging auf: Als Bertram wieder laufen konnte, legte er eine dreitägige Lebensbeichte ab, begann ein Theologiestudium und gründete den Orden der Jesuiten.

Was für Pater Josef die Bremszettel waren, war für Pater Peter die GCL. Logisch, dass ich dort mitmachen wollte, denn Pater Peter war mindestens so entspannt wie Pater Josef. Und außerdem: Wenn der HERR tatsächlich der Hirte war, dann sollte man sich mit den Schäferhunden auf jeden Fall arrangieren. Schließlich entschieden die ja auch über meine Noten.

Selbstverständlich gab es an unserer Schule auch weltliche Lehrerinnen und Lehrer, und die waren nicht besser oder schlechter als an jeder anderen Schule auch. Der einzige Unterschied war vielleicht, dass es unter ihnen keine echten Sünder gab. Sobald jemand die Unverfrorenheit besaß, sich von seinem Ehepartner zu trennen, um zukünftig mit einem anderen Menschen zusammenzuleben, musste er die Schule verlassen. Was das anging, verstanden die Patres wirklich gar keinen Spaß. Doch so streng sie im Umgang mit solchen Sündern auch waren, so milde waren sie bei kleineren Vergehen. Unserem Kunstlehrer Herrn Biro rutschte beispielsweise gern mal das Lineal aus, und dummerweise traf es dann immer den Hinterkopf eines Schülers. Fairerweise muss man dazu sagen, dass wir an den unwillkürlichen Reflexen Herrn Biros nie ganz unschuldig waren, bot er uns mit seinem gebrochenen Deutsch und seiner schusseligen Art doch verlockend viel Angriffsfläche. Was ihn anging, waren die Patres wirklich sehr verständnisvoll. Jegliche Beschwerden über seine Ausrutscher verschwan-

den in der unendlichen Tiefe von Pater Direktors gro-
ßem Schreibtisch. Dort lagen sie auf ewig neben den Beschwerden von Schülern und Eltern, die den Unterricht
eines Geistlichen betrafen. Tommis Papa regte sich über
dieses Totschweigen einmal so auf, dass er seinen Sohn
von der Schule nehmen wollte, letztendlich scheiterte
das Vorhaben aber am Einspruch seiner Frau. Der Grund
für seinen Ärger war Pater Loos, den wir ab der siebten
Klasse in Geschichte hatten. Er war ein lustiger Zeitge-
nosse, manchmal vielleicht etwas zu lustig. Noch nicht
einmal der Nationalsozialismus konnte seine Frohnatur
bremsen, und so wünschte er uns bei einer seiner Klas-
senarbeiten viel Glück und Heil Hitler. Natürlich meinte
er das nicht böse. Und natürlich zog die Sache auch keinerlei Konsequenzen nach sich.

Im Großen und Ganzen war das St.-Martin-Gymna-
sium eine gute Schule und das verschnarchte Lahnstein
ganz okay. Dem ersten Schock angesichts dieser hässlichen kleinen Stadt sollten noch einige weitere folgen,
aber auch die steckte ich alle weg. Manche Bausünden
hatten ja auch ihr Gutes. Da gab es zum Beispiel diesen riesigen Supermarkt, der ein deutliches Zeichen dafür war, dass die Menschen in Lahnstein gerne einkaufen
gingen, selbst aber nicht käuflich waren. Andere Städte
hätten aus ihrer romantischen Lage an Lahn und Rhein
versucht, Kapital zu schlagen, sie hätten alte Häuser
renoviert, die Straßen gepflegt und alles dafür getan, um
möglichst viele Touristen anzulocken. Wie gesagt: andere
Städte. Lahnstein aber war sich selbst genug und legte

keinen Wert auf Besucher. Die Menschen hier waren praktisch veranlagt, und so pfiffen sie auf jegliche Ästhetik und bauten direkt an der Brücke, auf der man von Niederlahnstein nach Oberlahnstein gelangte, den größten und hässlichsten Supermarkt weit und breit, samt riesiger Tankstelle und dreigeschossigem Parkhaus. Für uns Schüler war vor allem der Imbiss dort ein wahrer Segen, denn spätestens ab der Mittelstufe wussten wir den Wert einer echten Currywurst mit Pommes wirklich zu schätzen. Das Problem war nur, dass es die Currywurst nicht umsonst gab. Zum einen kostete sie hin und zurück knapp dreißig Minuten Fußweg, zum anderen wollten die Leute im Imbiss Cash sehen. Die Essensmarken unserer Schule waren ihnen nicht gut genug, obwohl die pro Stück ganze eine Mark sechzig wert waren und, abgesehen von dem Loch in der Mitte, wie echte Münzen aussahen. Doch alles, was man mit ihnen bezahlen konnte, war eine Portion Igittigitt, die man in unserer Mensa unter dem Namen »Mittagessen« verkaufte.

In den ersten zwei Jahren auf dem St.-Martin-Gymnasium kannte ich dieses Essen nur aus den Erzählungen von Tommi. Schlimme Erzählungen waren das. Keine Ahnung, was der Arme zu Hause ausgefressen hatte, aber seine Eltern steckten ihn gleich in der fünften Klasse ins Silentium. Dort saß er jeden Nachmittag in einem Klassenraum und machte unter der Aufsicht eines Lehrers Hausaufgaben. Für uns Schüler war das Silentium der Vorhof zur Hölle – das Internat die Hölle selbst. Natürlich kann man sich fragen, was zuerst da war, das Huhn

oder das Ei. Ging man aufs Internat, weil man ein gähnend langweiliger Streber war, der mit sich und seiner
Freizeit nichts anzufangen wusste? Oder wurde man dort
erst so geformt? Ich wusste es nicht, wollte es aber auch
nicht herausfinden müssen. Ich wusste nur, dass ich lieber die ewig lange Anfahrt in Kauf nahm, als freiwillig
ins Gefängnis zu gehen.

Ich hätte niemals mit einem der Internierten tauschen
wollen, selbst als sich die Dauer meines Schulwegs ab
der Mittelstufe verdoppelte. Auf meine Kosten hatte Papa
beschlossen, zukünftig Geld zu sparen und mir die Mo-
natskarte für die KEVAG gestrichen. Ich sei jetzt erwachsen genug, um den Zug zu nehmen, der wäre für Bahn-
angehörige schließlich kostenlos. Toll, ich war *erwachsen*.
Angesichts mehrmaligen Umsteigens und kilometerlan-
gen Fußwegs vom Bahnhof zur Schule hätte ich gern darauf verzichtet, doch alles Bitten und Betteln half nicht,
sein Entschluss stand fest. Bis dahin hatte ich wie gesagt
ein Ticket für die KEVAG gehabt, und der Bus war beinahe direkt vor unserer Haustür abgefahren. Keine vierzig Minuten später war ich mit der Linie 5 an der Berg-
straße in Niederlahnstein ausgestiegen, von wo es noch
einmal knappe fünf Minuten Fußweg zu bewältigen gegeben hatte. Die Fahrt hatte ich gern dazu benutzt, noch
ein bisschen zu schlafen oder um Tommis Hausaufgaben
abzuschreiben, sofern nicht gerade mal wieder ein Bür-
gerkrieg tobte. Der ließ sich manchmal nicht vermeiden,
denn Linie 5 begann ihre Fahrt im feindlichen Oberdorf
und klapperte auf dem Weg nach Lahnstein alle Gymna-

sien in Koblenz ab. Normalerweise fuhren Tommi und ich früh genug los, um jeglichem Ärger aus dem Weg zu gehen, aber hin und wieder begegneten wir trotzdem einer Dumpfbacke, und dann blieb uns keine andere Wahl. Am besten verteidigten wir uns mit kleinen Blasrohren, die wir aus Kugelschreibern bastelten. Die waren viel unauffälliger als unsere Erbsenpistolen und irgendwie auch männlicher. Als Munition dienten uns mundgedrehte Papiertaschentuchfetzen, die umso besser am Feind kleben blieben, je mehr man sie einspeichelte. Das Problem war nur, dass die kleinen Dinger an fast allem hafteten, also nicht nur an Dumpfbacken, sondern auch an Fenstern, Decken, Sitzen und manchmal auch an anderen Fahrgästen.

Einmal gab das so einen Ärger, dass wir aussteigen mussten und prompt zu spät zum Unterricht kamen. An diesem Morgen hatten wir in der ersten Stunde Erdkunde, da war das Zuspätkommen zum Glück nicht ganz so schlimm. Unserem Lehrer Herrn Leopold war es nämlich vollkommen egal, wer von uns Schülern anwesend war und wer nicht. Ihn störte es auch nicht, wenn man keine Hausaufgaben machte. Im Grunde genommen war Herrn Leopold alles egal, inklusive unserer Namen. Von der fünften bis zur siebten Klasse erteilte er uns mit einem »Ja, du da!« das Wort, dann wurde er pensioniert. Das Einzige, was Herrn Leopolds Aufmerksamkeit zu erregen vermochte, waren gute Verkaufszahlen. Wer es verstand, möglichst viele seiner Lepramarken an den Mann zu bringen, der bekam dafür nicht nur kleine Geschenke, sondern auch seine ehrliche Zuneigung. Der Erlös dieser Marken, die man als Zeichen seiner Anteilname auf Briefe und Postkarten kleben konnte, kam ausgerechnet den Opfern jener Krankheit zugute, über die wir am liebsten unsere Witze rissen.

Was macht ein Leprakranker auf dem Fußballfeld? Er fault vor sich hin.

Was fragt der Leprakranke in der Disco? Hey, was geht ab?

Was macht ein Leprakranker bei der Bundeswehr? Er verteilt sich im Gelände.

War das Schicksal, oder hatte der HERR seine Finger im Spiel? Halfen gute Verkaufszahlen von Lepramarken vielleicht sogar, diese kleinen Sünden zu tilgen? Ich wusste es nicht, aber um ehrlich zu sein, war es mir auch egal. Wichtig war nur der positive Effekt auf meine Noten, und der war offensichtlich. In keinem anderen Fach stand ich so gut da wie in Erdkunde, was aber nicht heißen soll, dass ich ansonsten schlecht war.

Im Vergleich zu meiner Schwester Jutta war ich geradezu ein Musterschüler. Drei Monate vor ihrem Abitur schmiss sie alles hin, zog von einem Tag auf den anderen von zu Hause aus und begann eine Lehre als Verkäuferin. Von nun an war ich der Hoffnungsträger unserer Familie, etwas Besseres hätte mir also gar nicht passieren können. Überhaupt war ich froh, dass ich diese Furie endlich los war. Schon seit einiger Zeit hatte unser Verhältnis einen absoluten Tiefpunkt erreicht, daran würde sich auch in absehbarer Zukunft erst einmal nichts ändern, so sehr hatte sie mich beleidigt. Woher nahm sich diese blöde Zicke das Recht, über mein Aussehen zu urteilen? Meine Frisur war vielleicht wirklich nicht schön, aber Mama hatte den Umgang mit der Schere ja auch nie richtig gelernt. Mich deswegen als hässlich zu bezeichnen und die Verwandtschaft zu mir zu leugnen, ging definitiv zu weit. Jutta hätte nur einmal in den Spiegel schauen müssen – oder in die Bibel! –, um zu sehen, wer von uns beiden der Hässlichere war: »Die Schlechtigkeit einer Frau macht ihr Aussehen düster und verfinstert ihr Gesicht wie das einer Bärin.« (Sir 25,17) Na ja, wie eine Bärin sah Jutta nicht gerade aus, eher wie ein Blobfisch im Karneval. Aber wie auch immer, sie war weg, und das war gut so.

Als Jutta auszog, war ich dreizehn Jahre alt, in der siebten Klasse und verstand allmählich, was Papa am Tag meiner Anmeldung am St.-Martin-Gymnasium gemeint hatte. Irgendwie war es doch doof, dass es bei uns an der Schule keine Mädchen gab. Sie waren zwar manchmal etwas anstrengend und für viele Dinge nicht zu gebrauchen, aber dafür waren sie doch recht nett anzuschauen. Tommi sah das ganz ähnlich. Er und ich sprachen zwar nur selten über Mädchen, aber wenn ein besonders hübsches Exemplar unseren Weg kreuzte, sahen wir beide automatisch in die gleiche Richtung.

Eines Tages verriet er mir, dass es noch einen anderen Grund gab, warum er praktisch jeden Nachmittag zum Einkaufszentrum lief. »Da gibt es zwei Bräute vom Oberlahnsteiner Gymnasium, die musst du gesehen haben«, erklärte er aufgeregt.

Bei Tommi war in letzter Zeit alles »cool«, »astrein« oder »geil«, Mädchen nannte er nur noch »Bräute«. Seitdem wir nicht mehr gemeinsam Bus fuhren, trafen wir uns jeden Morgen gegen Viertel vor acht am Verkaufsbüdchen der Schülervertretung zu einem kleinen Schwätzchen. Normalerweise wartete er maximal fünf Minuten auf mich, doch an diesem Tag stand er noch um vier Minuten vor acht an unserem Treffpunkt. Die Mädels hatten ihn scheinbar wirklich beeindruckt.

»Sind die denn so besonders?«, wollte ich auf unserem Weg in den Unterricht wissen, woraufhin er unvermittelt stehen blieb und mit weit aufgerissenen Augen heftig nickte.

»Die sind oberaffenscharf.«

Wieder so ein neues Wort, ich musste grinsen.

»Okay, wenn du meinst«, antwortete ich betont gelassen, »dann werde ich heute Mittag mal mit dir Currywurst essen kommen.«

Doch Tommi schüttelte den Kopf. »Brauchst du nicht.« Sein Grinsen reichte von einem Ohrläppchen bis zum anderen. »Die kommen uns heute in der großen Pause besuchen.«

Von einem Moment auf den anderen war ich hellwach. Tommi, der alte Fuchs, hatte die Mädels tatsächlich angesprochen und zu uns eingeladen. Einmal mehr bewunderte ich meinen Freund für seinen Mut und seine Kühnheit. Einfach so ein Mädchen ansprechen – das hätte ich nie fertiggebracht, eher wäre ich vor Scham im Boden versunken. Sogar jetzt, wo Tommi schon alles in die Wege geleitet hatte, war ich wahnsinnig aufgeregt. Über was sollte ich mit denen denn reden? Über die Angelscheinprüfung, die mir bald bevorstand? Über meine Dampfmaschine? Mit was beschäftigten sich Mädchen in ihrer Freizeit? Ich hatte keinen blassen Schimmer und konnte vor lauter Angst kaum noch klar denken. Hätte ich geahnt, was keine zwei Stunden später auf mich zukommen sollte, wäre ich wahrscheinlich sofort mit Bauchschmerzen nach Hause gefahren.

Tommis neue Bekannte hatten an diesem Tag wegen eines Lehrerausflugs unterrichtsfrei und warteten pünktlich um Viertel vor zehn am Würfelturm, einem kastenförmigen Kunstwerk in der Mitte unseres Schulhofes. Schon von Weitem konnte ich erkennen, dass Tommi recht hatte – sie sahen toll aus. Um sie herum scharten sich bereits jede Menge Gaffer, was prompt Bruder Bertram auf den Plan rief. Wir beschleunigten unsere Schritte, doch er war schneller. Bevor wir den beiden Damen auch nur Hallo sagen konnten, baute er sich mit seinen eins sechzig vor ihnen auf und brüllte los. Er wollte wissen, wer ihnen gestattet habe, den Schulhof zu betreten, und was sie hier überhaupt wollten. Das heißt, eigentlich wollte er das gar nicht wissen, denn er versuchte schon bei der zweiten Frage, eines der beiden Mädels am Arm Richtung Straße zu zerren. Die ließ sich das aber nicht gefallen und stieß den keifenden Gnom von sich.

Ein Mädchen, das anständig schubsen konnte – ich war auf der Stelle verliebt.

Bruder Bertram hingegen war jetzt richtig wütend und versuchte, sie an ihren Haaren zu packen, was Tommi verhinderte, indem er sich dazwischenwarf.

»Mädchen haben hier nichts zu suchen«, brüllte Bruder Bertram ihn an.

»Wer sagt das?«, brüllte Tommi zurück.

»Aus dem Weg«, erwiderte Bruder Bertram, woraufhin Tommi mit einem »Leck mich!« konterte.

Mittlerweile hatten sich noch mehr Schaulustige eingefunden, die für Tommi applaudierten und ihm zuriefen, er solle sich ja nicht unterkriegen lassen. Andere machten sich wiederum einen Spaß daraus, Bruder Bertram anzufeuern. Der war offiziell zwar nur Hausmeister, hatte sich aber einen Ruf als Schulsheriff und wadenbeißende Pausenaufsicht gemacht. »I-de-fix, I-de-fix!«, erklang es aus Dutzenden Kehlen. Sein Spitzname schallte in einer Lautstärke über den Schulhof, als wollten unsere Mitschüler eine taubstumme Fußballmannschaft zum Sieg antreiben.

Ich umrundete den Tumult und versuchte, die zwei Mädels von hinten aus der Schusslinie zu ziehen, was anfangs aber nicht ganz so heldenhaft verlief, wie ich mir das vorgestellt hatte.

»Ähm, hallo, ich bin Ralf, Tommis Kumpel«, sprach ich beide an, doch beim ersten Versuch bekamen sie das noch nicht einmal mit. Sie starrten weiterhin auf die unwirkliche Szenerie vor ihnen, in der ein kleiner Schüler und ein genauso kleiner Erwachsener Schimpfwort-Pingpong spielten.

Ich nahm all meinen Mut zusammen, tippte den beiden gleichzeitig auf die Schulter und sagte laut und deutlich: »Hey ihr zwei«, was sie aus ihrer Schockstarre löste und sich zu mir umdrehen ließ.

»Kommt, ich bringe euch raus«, erklärte ich ihnen, und mit einem immer noch ernsten, aber irgendwie erleichterten Gesichtsausdruck setzten sie sich in Bewegung und folgten mir bis zur Straße.

Dort angekommen, stellte ich mich als Tommis Kumpel vor – was in der Rückschau einer der größten Fehler meines Lebens war. Das Mädchen, zu dem ich mich von der ersten Sekunde unserer Begegnung an hingezogen gefühlt hatte, mit der ich meine tiefsten Gedanken hätte teilen wollen, die so schön war, dass es mir die Sprache verschlug, stieß mich mit voller Wucht von sich weg. Ich stolperte, fiel rückwärts auf den Hosenboden und starrte vollkommen verblüfft zu ihr hoch.

»Sag deinem Freund, dass er ein Vollhonk ist!«, keifte sie, während ihre Freundin nach wie vor keinen Ton von sich gab. »Warum hat er uns nicht erzählt, dass man als Frau euren Schulhof nicht betreten darf?«

War sie nicht toll? Ich hätte sie so gern nach ihrem Namen gefragt, brachte aber kein einziges Wort über die Lippen. Eine gefühlte Ewigkeit stand sie mit ihren wundervollen schulterlangen schwarzen Haaren und den dunklen Augen vor mir, bis es ihrer Freundin zu bunt wurde, und sie sie von mir wegzog. »Komm, Nicole, lass uns gehen.«

Das Letzte, was ich von ihr hörte, war: »Idiot!« Dann

war sie weg. Ich hingegen saß noch eine ganze Weile auf der Straße und dachte darüber nach, was da gerade passiert war.

Tommi bekam für sein »ungebührliches Verhalten gegenüber einer Aufsichtsperson« einen Verweis, gegen den sein Papa umgehend Beschwerde einlegte. Klar hätte er nicht so ausflippen dürfen, aber Bruder Bertram hatte kein Recht dazu gehabt, Tommis Bekannte einfach so vom Schulhof zu scheuchen. Nirgendwo stand etwas davon, dass Frauen unser Schulgelände nicht betreten durften, und die Anwendung körperlicher Gewalt durch Aufsichtskräfte war mit unserer Schulordnung nicht vereinbar. Doch diese Gewalt habe natürlich nie stattgefunden – Bruder Bertram habe die beiden Damen lediglich in aller Höflichkeit gebeten, den Schulhof zu verlassen, mehr nicht. Warum Tommi so ausgerastet sei, könne er sich beim besten Willen nicht erklären.

Damit war der Beweis erbracht: Lügner hatten kurze Beine.

12. Osternachtsshowtime

»Ob der wirklich tot war? Ich meine, so *richtig*?«

Stefan saß neben mir und kritzelte Strichmännchen auf einen Block, während Christian seine Skepsis gegenüber dem Tod unseres HERRN weiter ausführte.

»Vielleicht war er ja auch nur bewusstlos und ist dann eben ein paar Tage später in diesem Grab wieder aufgewacht und abgehauen.«

»Ein guter Gedanke«, antwortete Pastor Ben, »aber ich glaube nicht, dass jemand einen Stich mit einem Schwert in die Seite überlebt.«

»U-und wenn ein a-a-anderer ihn aus dem Grab g-g-genommen und irgendwo anders b-beerdigt hat?«, mischte Lukas sich ein.

»Das wäre natürlich möglich, aber wer ist dann nach der Auferstehung den Jüngern erschienen?«, gab Pastor Ben zu bedenken.

Wie man es auch drehte und wendete, die Geschichte um die Auferstehung war alles andere als einfach. Sie war der Kern der christlichen Heilslehre, denn sie versprach allen gläubigen Menschen ein Leben nach dem

Tod. Andererseits war der Tod für mich als Vierzehnjährigen keine wirkliche Bedrohung. Mich interessierten viel mehr die ganzen Widersprüche, die mir seit Kurzem in Sachen Glauben auffielen. Kein Wunder also, dass wir uns in unserer monatlichen Gruppenleiterrunde kurz vor Ostern ausführlich damit beschäftigten.

»Wichser, Penner, Drecksau«, entfuhr es Lukas, der wie üblich gleich ein »'tschuldigung« hinterherschickte.

Stefan blickte zum ersten Mal von seinem Block auf, grinste und versank umgehend wieder in sein Kunstwerk. Diese ganzen Theorien um Christi Leben und Tod hatten ihn noch nie sonderlich interessiert.

»Alles gut«, ließ Pastor Ben Lukas wissen. »Du brauchst dich nicht immer zu entschuldigen – ist doch klar, dass du nicht uns meinst.«

»Da wäre ich mir bei Lukas nicht so sicher«, warf Stefan mit einem schelmischen Grinsen in den Raum, ohne von seinem Blatt aufzuschauen. »Der hat es faustdick hinter den Ohren.«

Zum ersten Mal an diesem Abend war es wieder da: dieses Gefühl der Gemeinschaft und der Zusammengehörigkeit, welches ich in keiner anderen Runde so spürte wie bei Pastor Ben und meinen Messdienerkollegen.

Lukas wurde rot, sagte: »Ficksau!«, und wir brachen in schallendes Gelächter aus. Jeder von uns bekam in regelmäßigen Abständen sein Fett weg, warum sollten wir ihn da außen vor lassen?

Eines Tages hatte er mir erzählt, dass er genau das bei uns so toll finde. Die Krankheit sei im Grunde genommen gar nicht so schlimm, aber dass andere Menschen ihn wie einen Alien behandelten, finde er zum Kotzen. Das konnte ich gut verstehen, trotzdem beneidete ich Lukas manchmal. Wie gern hätte ich dem ein oder anderen Erwachsenen auch mal ein paar Schimpfwörter ins Gesicht geschleudert, nur um ihn dann gleich darauf mit einem »Sorry, ich habe Tourette, du Pisser« stehen zu lassen.

Auf der anderen Seite hätte ich aber nicht wirklich tauschen wollen. Wie dem auch sei, nach einer kurzen Pinkelpause saßen wir wieder am Tisch und besprachen, wie wir das Thema Ostern unseren Minis am besten vermitteln konnten. Von den glorreichen Fünf waren vier zu Gruppenleitern geworden – nur Tommi hatte den Dienst quittiert. Ihm war es bei uns nach eigener Aussage zu langweilig geworden, und am Wochenende wolle er zukünftig lieber ausschlafen, als immer in die Kirche rennen zu müssen. Dieses Argument konnte ich noch am besten verstehen, das mit der Langeweile hingegen nicht. Was sollte an Nächstenliebe und ewigem Leben langweilig sein? Die Guten kamen in den Himmel, die Bösen würden für ihre Sünden spätestens beim Jüngsten Gericht bestraft, daran gab es nichts zu rütteln.

Oder vielleicht doch?

Außer den verbliebenen vieren saßen in der Leiterrunde noch Mario und Heiko, beides alte Hasen. Auf Albert mussten wir leider schon seit Monaten verzichten, ihn hatte es zum Studieren nach Köln verschlagen. Als Obermessdiener führte er immer noch die Amtsgeschäfte, und bei den großen Festen wie Ostern und Weihnachten konnten wir nach wie vor auf ihn zählen.

Wie jeden ersten Dienstag im Monat tagte die Leiterrunde ab sieben Uhr im Pfarrhaus. Es war ein nasskalter Februarabend, und diesmal ging es, wie gesagt, hauptsächlich um die bevorstehende Fastenzeit und das darauffolgende Osterfest. Pastor Ben war es wichtig, dass wir den Kleinen erklärten, warum Ostern und nicht Weihnachten das höchste christliche Fest war und warum die Fastenzeit nicht nur bedeutete, dass man ausnahmsweise mal auf Süßigkeiten verzichtete. Wobei das für mich wirklich das absolut Schlimmste war: keine Schokolade. HERR im Himmel, was für eine Folter. Hätte man nicht einfach vierzig Tage lang auf Spinat verzichten können? Oder auf Hausaufgaben? Nein, es sollte wehtun, also mussten es die Süßigkeiten sein. In diesem Punkt hätte man mal wieder den Eindruck bekommen können, dass da oben ein ziemlicher Sadist thronte, aber so war es ja nicht. Verzicht bringe den Fastenden zurück zu seinen Wurzeln, man besinne sich auf das Wesentliche, sagte Pastor Ben. Und ich bemühte mich, ihm zu glauben.

Nach knapp zwei Stunden war alles Wichtige besprochen, doch bevor wir auseinandergingen, wollte Pastor Ben von Stefan hören, wie er denn zur Fastenzeit stehe.

Der legte den Bleistift zur Seite, überlegte kurz und erklärte dann: »Also, ich sag mal so. Ich bin katholisch geboren, und ich werde katholisch sterben, also muss ich mich auch an die Spielregeln halten.« Dann machte er eine kurze Pause, grinste schief und ergänzte: »Ist aber nicht schlimm, ich mag gar keinen Süßkram.«

»Von wegen«, mischte sich Christian ein. »Wer trinkt denn hier den ganzen lieben langen Tag nur Cola?«

»Aber das ist doch kein Schnuggelzeug«, verteidigte sich Stefan gelangweilt, »und irgendwas muss man doch trinken.«

»Arschloch, Drecksau«, rief Lukas.

Jetzt war es Pastor Ben, der grinsen musste. »Siehst du, Stefan«, sagte er ohne jeglichen Vorwurf, »genau darüber haben wir in den letzten Stunden gesprochen. Für dich wäre es vielleicht einmal sinnvoll, einen ganzen Monat lang auf Cola zu verzichten und stattdessen nur Wasser zu trinken. Aber das musst du selbst entscheiden, da kann dir niemand Vorschriften machen.«

In Stefans Kopf schienen die Gedanken Achterbahn zu fahren, seine gute Laune war jedenfalls dahin. Doch wie immer dauerte ein solcher Zustand bei ihm nicht sehr lange an, zur Verabschiedung war er wieder ganz der Alte. Er hob seine Hand, spreizte die Finger zu einem V und machte den Vulkaniergruß: »*Live long and prosper!*«

Stefan war sich immer treu geblieben, was nicht gerade einfach war. Wir beide führten unsere Messdienergruppe gemeinsam, denn von den verbliebenen vieren der glorreichen Fünf hatten tatsächlich alle Gruppenleiter werden wollen. Und das bei nur sechs neuen Messdienern. Da war es uns gerade recht gekommen, dass Sebastian vor Kurzem weggezogen war und Christian mit Lukas zusammen seine Schützlinge übernehmen konnte. Stefan und ich kümmerten uns um die sechs Neuen, Heiko um alle älteren Messdiener. Nur Mario hatte keine eigene Gruppe, was ihn aber auch nicht störte. Als Cheforganisator des Zeltlagers kam er trotzdem regelmäßig zur Leiterrunde, und sei es nur, um uns anderen die Kekse wegzufressen.

Mit Stefan zusammen eine Gruppe zu leiten, war anfänglich gar nicht so leicht. Mehr als einmal hatte ich das Gefühl, er wäre nichts anderes als ein siebter Zögling, allenfalls ein bisschen größer als der Rest. Er hatte keine Probleme damit, mir mitten im Satz ins Wort zu fallen und »Laaangweilig!« zu rufen oder teilnahmslos an die Decke zu starren. Einmal erwischte ich ihn sogar dabei, wie er zusammen mit zwei Minis das Sofa im Gruppenraum als Trampolin benutzte, doch mit der Zeit wurde auch er ein bisschen erwachsener. Es stellte sich heraus, dass es das Beste war, wenn wir die Gruppenstunde unter uns aufteilten. Ich hatte mich um den theoretischen Teil zu kümmern, er sich um die Spiele, was vielleicht auch erklärte, warum er in der Leiterrunde meistens nur teilnahmslos am Tisch saß. Es reichte ja, dass ich zuhörte.

Zwei Wochen nach unserem Treffen im Februar war Karneval, und ich hatte Geburtstag. Wer noch nie an Karneval im Rheinland war und sich vorstellen möchte, was in der »fünften Jahreszeit« bei uns abgeht: Dieses Fest ist eine Mischung aus einem Louis-de-Funès- und einem Bud-Spencer-Film, eine Gratwanderung zwischen »Nein, doch – ohhh!« und Schelle links, Schelle rechts.

Ganz normale Erwachsene benehmen sich plötzlich wie Jugendliche auf Klassenfahrt, sie brüllen, baggern und prügeln sich. Selbst diejenigen, die das ganze Jahr über miesepetrig durch die Gegend laufen, mutieren zu regelrechten Spaßmonstern. Und das liegt ganz bestimmt nicht an den lustigen Verkleidungen. An Karneval schütten sich die Rheinländer so viel hinter die Binde, wie sie es in anderen Teilen Deutschlands das ganze Jahr über nicht tun. Karneval ist Ausnahmezustand.

Und wir waren mittendrin.

Tommi hatte bereits ganz schön Schlagseite, als er das Mädchen im Bienenkostüm auf der anderen Straßenseite entdeckte und mitten durch den Umzug zu ihr rüberlief. »Mal sehen, ob die Braut…« waren die letzten Worte, die ich durch den Lärm der Blechbläser hören konnte, dann kam schon der nächste Wagen. Stefan und ich schmissen die Arme in die Höhe und brüllten wie die Wahnsinnigen »Olau, olau, olau!«, bis der nächste Bonbonregen über uns niederging und wir uns wie im siebten Himmel fühlten. Was für ein Rausch! Von überall wurde gedrückt und gedrängelt, und wir ließen uns fröhlich mit der Masse treiben.

Doch dann stand plötzlich diese Krankenschwester neben uns. Stefan reichte ihr die Apfelkornflasche, die wir anlässlich meines Geburtstags schon fast geleert hatten, und fing an draufloszuquatschen. Er wollte wissen, woher sie komme und wie sie heiße, und fragte, mit dem Finger auf ihre riesige Oberweite zeigend, ob das denn auch wirklich alles echt wäre. Die Schwester gluckste und gackerte, und keine fünfzehn Minuten später waren die beiden in eine wilde Knutscherei verwickelt. Toll. Damit war mein Geburtstag gelaufen. Der dümmste Bauer bekam die dicksten Kartoffeln, und ich fuhr einmal mehr hungrig nach Hause.

Am nächsten Tag bekam ich einen Eindruck davon, wie Jesus sich bei seiner Auferstehung von den Toten wohl gefühlt haben musste. Meine Knochen schmerzten, mein Schädel dröhnte, und ich bekam keinen einzigen klaren Gedanken zustande.

»Jetzt stell dich mal nicht so an und steh endlich auf«, bemerkte Papa trocken, als er mich um zehn nach sieben weckte. Für den Zug war es sowieso schon viel zu spät, also plädierte ich auf krankheitsbedingten Schulausfall, aber Papa sagte nur: »Nichts da. Wer feiern kann, kann auch arbeiten.«

Fünfzehn Minuten später saß ich völlig fertig auf dem Beifahrersitz seines neuen Opel Ascona, starrte schweigend in die Landschaft und dachte wieder an das Mädchen, welches mich vor einigen Monaten im wahrsten Sinne des Wortes umgehauen hatte. Nicole. Was sie jetzt wohl gerade machte? Einmal noch war sie mir auf dem Weg zum Supermarkt begegnet, aber da hatte sie demonstrativ in eine andere Richtung geschaut. Und ich? Anstatt mir dieses Mädchen endgültig aus dem Kopf zu schlagen, schloss ich sie ein ums andere Mal in mein Abendgebet mit ein: »Liebe Muttergottes, bitte beschütze Nicole und ihre ganze Familie und mach, dass ich sie eines Tages wiedersehen werde.«

Außerdem versuchte ich es regelmäßig beim heiligen Valentin, der als Patron der Liebenden kirchliche und weltliche Karriere gemacht hatte. Dass er früher auch bei Krankheiten, vor allem bei Epilepsie um Hilfe gebeten worden war, wunderte mich gar nicht. Ich hatte mir da etwas Übles eingefangen, allein der Gedanke an Nicole ließ mich manchmal heftig schütteln. Was genau, möchte ich an dieser Stelle aber lieber nicht verraten.

Ist ja auch kein ungefährliches Thema, wie die Geschichte von Onan zeigt. Der lebte vor langer, langer Zeit im gelobten Land und bekam eines Tages von seinem Vater Juda einen ziemlich seltsamen Auftrag: »Onan, geh zu der Frau deines verstorbenen Bruders und mach ihr ein Kind.« Onan stöhnte, aber nicht vor Lust. »Nicht noch mehr von diesen Plagen«, dachte er, wohl wissend, dass er seinem Dad besser nicht widersprach. Der war nämlich Stammvater des Hauses Juda, einem der zwölf Stämme Israels, und hatte nichts als Kinderkriegen im Kopf. Also blieb Onan nur eine Möglichkeit: »Sooft er zur Frau seines Bruders ging, ließ er den Samen zur Erde fallen und verderben.« (1 Mo 38,9) Natürlich sah der HERR das, und natürlich gefiel es ihm nicht. Würde ein solches Verhalten Schule machen, wäre schon bald niemand mehr da, der zu ihm aufblickte. Also machte der HERR ein für alle Mal klar, was er von Wichsern hielt, und schicke Onan in die ewigen Jagdgründe.

Die nächsten vierzig Tage waren bitter. Keine Schokolade, kein Weingummi, keine Freude. Jedes Mal, wenn ich einen Supermarkt betrat, zog mich eine innere Stimme zum Süßigkeitenregal, wo ich dann mehrere Minuten lang in tiefer Trauer verharrte. Und je länger diese Entbehrung dauerte, desto verrückter wurde das Ganze. Hanutas riefen nach mir, Duplos wollten von mir ausgepackt werden, und ein Raider bat mich, ihn von seinem Zwillingsbruder zu befreien. Ob das noch gesund war?

Wahrscheinlich nicht – aber der HERR hatte damals wohl ganz ähnlich gelitten. Als er sich für eine Auszeit in die Wüste zurückzog, vergaß er wohl, dass er in einem menschlichen Körper steckte. Als Gott konnte er vielleicht auf Nahrung verzichten, als Jesus aber kam das ziemlich mies.

Nach einigen Tagen war der Hunger so groß, dass er plötzlich diese Stimme hörte: »Was ist denn jetzt? Bist du ein Gott oder bist du kein Gott?«

Jesus blickte sich um, aber da war niemand.

»Was machst du dir denn so einen Stress? Verwandle die Steine vor dir in Brot, und gut ist.«

Da, schon wieder. Was glaubte dieser unverschämte Typ eigentlich, wer er war? Niemand erteilte Jesus einfach so unerbetene Ratschläge. So viel Dreistigkeit besaß nur der Teufel, dieser kleine Drecksack, und der konnte sich seinen Vorschlag in die ungewaschenen Haare schmieren. Jesus blieb eisern, auch auf die Gefahr hin zu verhungern, und die gleiche Disziplin verlangte er heute auch von uns. Wir mussten zwar nicht in die Wüste, und wir sollten auch nicht komplett aufs Essen verzichten, aber Süßigkeiten waren vierzig Tage lang tabu.

Als Ostern dann vor der Tür stand, war meine Euphorie kaum noch zu bremsen. Am liebsten hätte ich mich gleich über Mamas Schokoladenkiste hergemacht, aber erst kam die Arbeit, dann das Vergnügen. Albert schaffte es gerade noch rechtzeitig nach Koblenz, sein Zug kam mit drei Stunden Verspätung, aber sein Vater holte ihn am Hauptbahnhof ab und brachte ihn direkt zur Kirche. Freude, Umarmungen und der ein oder andere Scherz ließen uns die vorherige hitzige Diskussion über unsere Aufgaben am Altar schnell vergessen. Albert trug wie üblich die Osterkerze, Stefan und ich hatten uns in Sachen Weihrauch durchgesetzt.

Dann war es so weit. Pünktlich um zweiundzwanzig Uhr ertönte die Orgel, und siebzehn Messdiener, gefolgt von Pastor Ben, schritten feierlich durch das Mittelschiff. Es war, als würde die Luft vibrieren. Der mehrstimmige Orgelchoral erschien mir wie die in Ton verwandelte Vorfreude auf die Auferstehung des HERRN. Und dann der Kirchenchor. Mama und ihre Sangesfreunde standen auf der Empore und begannen just in dem Moment mit ihren Lobpreisungen, als unsere feierliche Prozession im Altarraum angekommen war. Es war herrlich, alles war so erhaben. Von der ersten bis zur letzten Reihe war jede Bank voll besetzt, selbst ganz hinten, im Eingangsbereich, drängelten sich die Leute, um dieser einzigartigen Nacht zumindest stehend beizuwohnen.

Die besten Plätze waren natürlich wieder für uns reserviert. Während wir im Halbkreis hinter dem Altar darauf warteten, dass der Chor zum Ende kam und wir uns hinsetzen konnten, gaben Stefan und ich Vollgas. Er stand ganz rechts und ich ganz links, aber beide schwenkten wir wie die Irren unsere Rauchfässer, sodass die ganze Kirche schon nach wenigen Minuten komplett eingenebelt war. Man muss sich ein solches Weihrauchfass wie einen kleinen Grill vorstellen, nur dass man die Kohle darin nicht mit einem Blasebalg, sondern durch Bewegung anheizte. Auf die glühenden Kohlen streute man den Weihrauch, und je mehr man schwenkte, desto heftiger rauchte es. Wie gesagt: Wir wollten unser Bestes geben.

Kurz nachdem wir uns hingesetzt hatten, flüsterte mir jemand ins Ohr, Pastor Ben hätte gern noch mehr Weihrauch. Das erstaunte mich zwar ein bisschen, aber wenn Pastor Ben mehr wollte, dann sollte er mehr bekommen. Für den Nachschub war Andreas, der Mini neben mir verantwortlich. Ich hob den Deckel des Rauchfasses, und er schaufelte drei weitere Löffel voll Harz auf die rot glühende Kohle. Jetzt qualmte es richtig, man konnte die Hand vor Augen fast nicht mehr sehen.

Zwei Minuten später kippte mein Adjutant um. Überdosis. Es war nicht das erste Mal, dass ein Frischling vom Weihrauch Kreislaufprobleme bekam, aber umgekippt war noch keiner. Albert und Sebastian zögerten nicht lange und brachten Andreas raus. Sie beschlagnahmten auch die Weihrauchfässer, die sie ebenfalls vor die Tür brachten. Zu diesem Zeitpunkt war ich mir immer noch keiner Schuld bewusst, schließlich hatte ich nur getan, was mir gesagt worden war. Später stellte sich aber heraus, dass Pastor Ben dem ersten Messdiener neben sich »Nicht mehr so viel Weihrauch!« ins Ohr geflüstert hatte. Acht Ohren und Münder weiter waren aber nur noch zwei Wörter bei mir angekommen, und das waren dummerweise die falschen gewesen. Doch Pastor Ben wäre nicht Pastor Ben gewesen, wenn er sich über diese Geschichte in irgendeiner Art und Weise aufgeregt hätte. Und auch Andreas ging es kurz darauf wieder gut.

Dennoch hatte das Ganze ein Nachspiel, und zwar in meinem Kopf. Wenn ein Satz von nur acht Menschen weitererzählt werden musste, um ihn komplett auf den Kopf zu stellen, wer weiß, wie es dann mit dem Evangelium gelaufen war. Dreißig Jahre dauerte es, bis die frohe Botschaft von Jesu Leben, Sterben und Auferstehung zum ersten Mal aufgeschrieben wurde. Dreißig Jahre, in denen ziemlich viel passiert sein konnte. Vielleicht hieß Jesus in Wahrheit gar nicht Jesus, sondern Jens, Jörg oder Jonas. Oder man hatte ihn gar nicht ans Kreuz genagelt, sondern wilden Tieren zum Fraß vorgeworfen. Man musste sich nur einmal vorstellen, was das für all die Passionsspiele bedeuten würde. Was, wenn auch andere Details des Evangeliums nicht stimmten? Wenn der Soldat mit der Lanze Jesus gar nicht in die Seite gestochen hatte? Konnte durchaus sein, schließlich berichtete nur Johannes von dieser Tat, und das erst etliche Jahre, nachdem die anderen drei Evangelisten ihre Bücher schon fertig geschrieben hatten. Wie viel »stille Post« gab es in den Evangelien? Was konnte man tatsächlich davon glauben?

13. Das Kreuz mit den Frauen

»Glauben heißt nicht wissen«, entgegnete ich Tommi, aber der beharrte auf dem, was er gesehen hatte.

»Doch, doch! Ich glaube, das war sie.«

Immer wieder hatte Tommi versucht, mir Nicole auszureden, aber dieses Mal hatte er handfeste Argumente. Er habe sie knutschen gesehen, auf einer Parkbank unten an der Lahn. Es tue ihm wahnsinnig leid, aber als guter Kumpel müsse er mir das berichten, es sei quasi seine Pflicht, auch wenn es ihm … bla, bla, bla.

»Und du bist dir sicher, dass sie das war?«, hakte ich nach. »Wann soll das denn gewesen sein?«

»Gestern in der Freistunde. Ich war auf dem Weg zum Imbiss und bin unten an der Lahn vorbei. Und da sah ich sie mit so einem Typen rummachen.«

Mir wurde schlecht. Vollkommen fertig sank ich zurück auf meinen Stuhl. Eigentlich wollten Tommi und ich gerade los in die große Pause, doch mir war die Lust an meinen Mitschülern vergangen. Wie konnte diese blöde Kuh nur so etwas machen? Und der HERR? Ich hatte ihm so oft erzählt, wie toll ich Nicole fand, warum

gab er sie einem anderen? Je länger ich darüber nach-
dachte, desto mehr Zweifel kamen mir. Das konnte nicht
sein. Das durfte nicht sein. Ob mich Tommi vielleicht
anlog?

»Was hatte sie denn an?«, wollte ich von ihm wissen.

»Ähm, ja, ich weiß nicht mehr so genau. Ich glaube
eine rote Jacke. Und eine Jeans«, sagte er zögernd.

Jetzt ging es mir wieder besser, mein Kampfgeist war
geweckt. »Soso, du hast also gestern Nicole gesehen,
kannst mir heute aber nicht mehr sagen, was sie anhatte.
Weißt du was? Ich glaub dir kein Wort.«

Doch Tommi hatte sich schnell wieder gefangen und
konterte mit einer Gegenfrage: »Weißt du denn noch,
was ich gestern anhatte?«

»Das ist doch etwas völlig anderes«, wehrte ich mich,
aber Tommi ließ nicht locker.

Er habe nicht auf die Klamotten geschaut, sondern
in ihr Gesicht, und ja, zugegebenermaßen auch auf ihre
Brüste. Das zusammen habe ihm genügt, um sich neun-
undneunzig Prozent sicher zu sein, dass es Nicole gewesen sei.

Eins zu null für ihn.

Dass meine Traumfrau mit einem anderen rumm-
machte, war ein schrecklicher Gedanke. Was hatte ich
nur falsch gemacht? Womit hatte ich den HERRN verärgert, dass er mich so hart bestrafte? Warum erhörte er
mein Sehnen nicht und machte mich nicht endlich mit
ihr bekannt? Ich sah sie, immer wieder, aber nie fand ich
den Mut, sie anzusprechen. Der HERR schickte mir auch

kein Zeichen, dass ich es wagen konnte. Und so litt ich seit Monaten, gefangen in meiner Liebe zu dem schönsten Mädchen der Welt.

War das Ganze vielleicht eine Art Prüfung? Auf diesen Gedanken kam ich, als wir im Reli-Unterricht über Hiob sprachen, jenen Mann, dessen Name noch heute für richtig miese Neuigkeiten herhalten muss. Hiob lebte damals in einem kleinen Land namens Uz, war stinkreich und durch und durch fromm. Er besaß elftausend Tiere, sieben Söhne, drei Töchter und wäre wahrscheinlich bis an sein Lebensende glücklich gewesen, hätte der HERR ihn, den Vorzeigeschüler, nicht dem Teufel unter die Nase gerieben: »Hast du auf meinen Knecht Hiob geachtet? Seinesgleichen gibt es nicht auf der Erde, so untadelig und rechtschaffen, er fürchtet Gott und meidet das Böse.« (Hiob 1,8)

»Kein Wunder, dass der Typ so fromm ist«, erwiderte der Teufel gelangweilt. »Du fütterst ihn ja auch gut.«

»Quatsch«, erwiderte der HERR. »Das hat nichts mit Wohlstand zu tun, das ist eine Frage des Charakters.«

»Ach ja?«, lachte der Teufel. »Bist du dir da sicher?« Jetzt hatte er den HERRN, wo er ihn haben wollte. »Dann lass mich deinen kleinen Hiob doch mal ein bisschen ärgern, anschließend schauen wir, ob er immer noch so ein frommer Bursche ist.«

»Einverstanden«, sagte der HERR, und damit nahm das Unheil seinen Lauf.

Hiob wusste gar nicht, wie ihm geschah, als der erste Knecht angelaufen kam und irgendwas von »Überfall«, von »Rinder und Esel geklaut« und von »alle Kollegen niedergemetzelt« berichtete.

Der Knecht hatte noch nicht ganz ausgeredet, da kam auch schon der nächste an und rief: »Hiob, Hiob, Feuer Gottes fiel vom Himmel, schlug brennend ein in die Schafe und Knechte und verzehrte sie. Ich ganz allein bin entronnen, um es dir zu berichten.« (Hiob 1,16) *Schwups*, stand auch schon der nächste Bote vor ihm und berichtete völlig außer Atem, dass die Chaldäer seine Kamele geklaut und alle Kameltreiber kaltgemacht hätten.

Moment mal, dachte sich Hiob, das konnte doch alles nicht wahr sein. War das hier »Versteckte Kamera«? Bevor er aber auch nur einen klaren Gedanken fassen konnte, setzte der Teufel mit dem vierten Boten zum Finale an: Alle zehn Kinder Hiobs waren tödlich verunglückt. *Bäm!* Spätestens jetzt wäre jeder normale Mensch umgefallen, Herzinfarkt, Ende, aus. Nicht aber Hiob. Alles, was dem dazu einfiel, war: »Der HERR hat gegeben, der HERR hat genommen, gelobt sei der Name des Herrn.« (Hiob 1,21) Unglaublich. Da nahm man diesem Typ alles weg, was er besaß, selbst sein eigen Fleisch und Blut, und trotzdem pries der immer noch den Namen des HERRN.

Satan war fuchsteufelswild, riss sich aber zusammen und zog einen Plan B aus der Tasche. Er hatte dem HERRN zwar versprochen, Hiob am Leben zu lassen, aber von guter Gesundheit war keine Rede gewesen. Von nun an plagten Hiob bösartige Geschwüre, von der Fußsohle bis zum Scheitel (Hiob 2,7), so heftig, dass sich selbst seine Freunde von ihm abwendeten. Die waren nämlich fest davon überzeugt, dass der HERR einen Menschen niemals so bestrafen würde, wenn der nicht etwas ganz Furchtbares ausgefressen hätte. Hiob solle endlich seine Schuld gestehen, rieten sie ihm, dann werde man ja sehen.

Das Problem war nur, dass sich Hiob keiner Schuld bewusst war und somit auch keinen Schimmer hatte, was er hätte beichten sollen. Dieses Dilemma kannte ich nur zu gut. Aber während ich mir damals bei der Beichte einfach irgendwelche Sünden aus den Fingern gesogen hatte, blieb Hiob sich treu. Nein, er habe nichts Böses getan, also gebe es auch nichts zu bereuen. Warum dann aber all dieses Leid? Hiob grübelte, bis er zu dem Punkt kam, an dem er sein Schicksal ziemlich ungerecht fand und sich bitterbös beim HERRN beschwerte. Keine gute Idee. Der HERR wurde kurz aufbrausend, beruhigte sich aber wieder und hielt Hiob dann eine seitenlange Predigt, die er problemlos auch in einem einzigen Satz hätte zusammenfassen können: Wenn der Kuchen redet, haben die Krümel Pause.

Daneben gab es aber noch eine zweite, viel tiefere Botschaft in der Geschichte um Hiob: Scheiße passierte. Nicht jedes Unglück war zwangsläufig eine Strafe des HERRN. Wenn Kinder in der Dritten Welt verhungerten, dann garantiert nicht deswegen, weil sie irgendetwas ausgefressen hatten. Vielleicht waren sie einfach nur zur falschen Zeit am falschen Ort. Die Wege des HERRN waren viel zu kompliziert, als dass man in ihnen irgendwelche Strukturen hätte erkennen können, also musste man sich auch keine Gedanken darum machen. Wichtig war nur, dass man den Glauben nicht verlor, denn der garantierte das Happy End.

Bei Hiob sah das damals übrigens so aus: Der HERR heilte ihn von den bösartigen Geschwüren, gab ihm vierzehntausend Schafe, sechstausend Kamele, tausend Joch Rinder, tausend Esel (Hiob 42,12) und ließ ihn weitere einhundertvierzig Jahre lang leben. Dazu schenkte er ihm erneut sieben Söhne und drei Töchter, die allesamt viel schöner waren als die Verstorbenen. Ende gut, alles gut.

Natürlich fragte ich mich nach dieser Geschichte, ob meine zukünftige Freundin noch schöner sein würde als Nicole, aber im Grunde war es mir vollkommen egal. Ohne jegliche Erfahrung in Sachen Zungenkuss, Petting oder Geschlechtsverkehr legte ich keinen allzu großen Wert auf Äußerlichkeiten – Hauptsache, ich bekam überhaupt eine ab. Doch woher nehmen, wenn nicht stehlen? An unserer Schule gab es nur Jungs, und die paar Mädchen, die ich von zu Hause kannte, gingen wirklich gar nicht. Vielleicht hätte ich mit Tommi in die Tanzschule gehen sollen, aber dort musste man ja tanzen, und das fand ich ziemlich albern. Tage, Wochen, Monate zogen ins Land, bis der HERR endlich Mitleid hatte und mir Elke schickte. Elke aus Mutterstadt. Das heißt, eigentlich schickte mir der HERR nur eine schriftliche Einladung, das mit Elke war eher ein Unfall. Aber der Reihe nach.

Im März 1985, Michael Gorbatschow wurde gerade zum neuen Generalsekretär der KPDSU gewählt, flatterte ein Brief der Gemeinschaft Christlichen Lebens ins Haus: Überregionales Treffen der GCL – *Du bist herzlich eingeladen.* Das war genau die Art von Chance, auf die ich monatelang gewartet hatte, denn »überregional« bedeutete vor allen Dingen eins: Mädchen.

Endlich sollte sich meine Hartnäckigkeit auszahlen. Es war nämlich so, dass mich die GCL schon seit längerer Zeit anödete. In der Unterstufe hatte der Verein noch richtig Spaß gemacht, die Zeltlager waren toll gewesen und die Gruppenstunde ein guter Zeitvertreib. Doch spätestens ab der Mittelstufe ließ die anfängliche Begeisterung nach, Zeltlager waren keine Abenteuer mehr und Gruppenstunden reine Zeitverschwendung. Manchmal schien mir die GCL wie ein gigantisches Sieb, in dessen Gitter sich die Langweiler verfingen, während alle coolen Leute durch die Maschen rutschten. Alle, bis auf einen: ich.

Dass ich kein Langweiler war, erkannte man beispielsweis an meinem Ranzen. Während andere ihre Bücher und Hefte noch auf dem Rücken trugen, klemmte ich mir seit Monaten jeden Morgen eine Bundeswehrtasche unter den Arm. Das war zwar nicht sonderlich bequem, aber das war meine Hose ja auch nicht. Es waren die Achtziger. Wer cool sein wollte, musste leiden, schrieb »AC/DC« und »KISS« auf die Tasche und trug Jeansjacke, Jeanshose und Sneaker.

Leider wurde diese coole Optik auf dem Weg zum Regionaltreffen durch eine von Papas furchtbaren Reisetaschen vollkommen durcheinandergebracht. Stundenlang hatte ich ihm versucht klarzumachen, dass ich unmöglich mit einer braunen Kunstledertasche reisen konnte. Es musste ein Seesack sein, oder wenigstens ein Rucksack, doch Papa bestand darauf, dass es an der Tasche nichts auszusetzen gab. Er habe für meine Sperenzchen schon genug Geld ausgegeben, sagte er, und wenn mir die Tasche nicht gefalle, solle ich mir selbst eine neue kaufen oder zu Hause bleiben. So blieb mir also nichts anderes übrig, als mit dieser zu Materie gewordenen Demütigung in den Zug nach Gau-Algesheim zu steigen, von wo aus alle Neuankömmlinge mit einem Shuttlebus zum Kloster Jakobsberg gebracht wurden.

In diesem Bus geschah es dann. Ihr Blick, ihr Augenaufschlag, die Art, wie sie sich durchs Haar strich, danach am Vordersitz rüttelte und den Typ, der dort saß, anschnauzte, er solle verdammt noch mal die Lehne geradestellen – ich war hin und weg. Und zwar so sehr, dass ich Angst hatte, mich auf den freien Platz neben ihr zu setzen. Stattdessen ging ich lieber noch vier Reihen weiter und landete bei Elke.

Elke war unscheinbar. Sie war ein kleines, dickes Mädchen mit strohigen Haaren und einer unvorteilhaften Brille, doch dafür hatte sie andere Vorzüge. Als Klosterschülerin eines Nonnenordens war sie mindestens genauso neugierig wie ich, was die Erwachsenendinge anging, dafür aber nicht halb so schüchtern. Ein Kennenlernspiel und einen Nachmittagskaffee später saßen wir auf einer abgelegenen Parkbank und übten uns in Zungenakrobatik. Eine Meditation und ein Abendessen danach hatte sie auf derselben Bank schon ihre Hand in meinem Schritt. Wow! Wenn das in diesem Tempo weiterging, wäre ich bei der Abreise wahrscheinlich Vater von drei Kindern.

Doch ich hatte mich zu früh gefreut. Je weiter ich zu Pudels Kern vordrang, desto abweisender wurde sie. Ich durfte zwar überall reiben, pressen und kneten, doch sobald ich auch nur zaghaft versuchte, unter ihre Klamotten zu gelangen, wand sie sich aus meiner Umarmung. Sex vor der Ehe sei nicht okay.

Ich hätte im wahrsten Sinne des Wortes platzen können. Was sollte denn bitte schön an Sex vor der Ehe nicht okay sein? Es war nicht okay, dass sie mich scharfmachte und dann stehen ließ. Und es war erst recht nicht okay, dass sie mich weiterhin mit dieser Angst leben ließ. Seit etlichen Monaten verfolgte mich nämlich die fixe Idee, ich könnte einen tödlichen Unfall erleiden, noch bevor ich auch nur einmal mit einer Frau geschlafen hatte. Schrecklich. Dabei stand nirgendwo in der Bibel der Satz: *Verliebte und Verlobte sollen vor der Hochzeit keinen Geschlechtsverkehr haben.* Also, was sollte das Ganze?

»Ich will mich einfach nur für den Richtigen aufheben«, erklärte mir Elke an unserem letzten Abend auf der Parkbank.

Seit einer halben Stunde versuchte ich verzweifelt Boden gutzumachen, scheiterte aber an dem Langarm-Body, den Elke unter ihrem Pullover trug.

»Toll, aufheben«, stöhnte ich entnervt und zog meine

Hände zurück, »wie einen Schokoosterhasen oder was? Und an Weihnachten ist er dann schlecht.«

»Blödsinn. Eher wie ein Geschenk – ein Hochzeitsgeschenk«, flüsterte sie mir ins Ohr und fuhr mit ihrem Zeigefinger langsam meinen Hals und meinen Oberkörper hinunter. An der Stelle, wo sich ihr Finger entweder für den rechten oder den linken Oberschenkel hätte entscheiden müssen, griff sie plötzlich zu. Fest, aber nicht zu fest, dann wieder locker und gleich wieder fester. Mir kam es vor, als würde sie mit den pumpenden Bewegungen ihrer Hand dafür sorgen, dass der gesamte Inhalt meines Kopfes durch den Hals nach unten rutschte. Keine zehn Sekunden später war mein Hirn tatsächlich trocken, meine Hose aber nass.

»Was war das denn?«, fragte ich verblüfft und völlig außer Atem. Die Sterne tanzten vor meinen Augen.

»Weiß auch nicht«, antwortete Elke grinsend. »Du scheinst irgendwo auszulaufen.«

Ich musste lachen. »Das spüre ich selbst, aber hast du nicht gesagt, dass du keinen Sex vor der Ehe willst?«

Sie riss die Augen auf, hielt sich die Hände vor den Mund und sagte dann theatralisch: »Huch, war das Sex?«

Jetzt lachten wir beide.

Am nächsten Morgen verabschiedeten wir uns in eine zehnmonatige Brieffreundschaft, während der wir uns noch genau zweimal trafen. Und um es kurz zu machen: Die Treffen verliefen beide genauso aufregend und enttäuschend wie der Abend auf der Parkbank. Irgendein Kleidungsstück war immer zwischen uns. Elke meinte es mit ihrer Enthaltsamkeit tatsächlich ernst, und so blieb mir nichts anderes übrig, als unsere Beziehung pünktlich zum nächsten Regionaltreffen zu beenden. Pech für Elke, Glück für Barbara. Barbara kam aus Braunschweig, war nicht ganz so schlau wie Elke, dafür aber auch nur halb so schwer. Am dritten Tag schleppte ich sie zu der Parkbank, auf der ich ein Jahr zuvor bei Elke mein Glück versucht hatte, und kam direkt zur Sache. Schicht für Schicht schob sich meine rechte Hand durch Gürtel und Baumwolle und erforschte die Erhebungen und Vertiefungen ihres herrlichen Körpers, während ihre Zahnspange meine Zunge das Fürchten lehrte.

Doch irgendwann hatte sie genug von dem Gefummel, zog meine Hand aus ihrer Hose und schob mich von ihr weg. Das ginge nicht, so eine wäre sie nicht.

»Hä?«, war alles, was mir im ersten Moment dazu einfiel. »Was für *eine*?«

Bis eben hatte sie noch verdammt viel Spaß gehabt, das war deutlich zu fühlen gewesen. Trotzdem wollte sie jetzt nicht mehr? Hatten die Mädchen der GCL denn alle einen an der Waffel? In der ganzen Bibel gab es nicht eine einzige klare Formulierung, die Sex vor der Ehe verbat. Schwul durfte man nicht sein, man durfte es auch nicht mit Tieren treiben – all das war ausdrücklich geregelt, doch über vorehelichen Geschlechtsverkehr schwieg sich das heilige Buch mehr oder weniger aus. Das konnte nur bedeuten: Alles okay, kein Problem, macht ihr mal.

Barbara sah das genauso. Glaube ich. Vielleicht war ihr ständiges Kopfnicken aber auch nur ein Trick, um während meiner theologisch-philosophischen Ausführungen nicht einzuschlafen. Auf jeden Fall würde sie gern mit mir schlafen, sicher, gar kein Thema, nur nicht jetzt und hier auf der Parkbank. Ich solle sie in den Ferien besuchen kommen, da wären ihre Eltern in Urlaub, und wir hätten das ganze Haus für uns allein. »Jauchzt, ihr Himmel, denn der HERR hat gehandelt.« (Jes 44,23)

Am nächsten Tag tauschten wir unsere Adressen aus, verabschiedeten uns, und seit diesem Moment habe ich nie wieder etwas von ihr gehört.

14. Geisterstunde

»Kein Mensch muss *müssen*.«

Pater Erasmus stand an der Tafel und zitierte Lessing. In diesem Moment meldete sich Tommi und meinte bierernst: »Ich muss mal.«

Die Klasse tobte, und selbst Pater Erasmus lachte laut auf. Dann kam er zurück zum Thema und verkündete, dass er für Tommis Einwand dankbar sei. »Natürlich gibt es Dinge, die wir scheinbar müssen, Dinge wie essen oder trinken. Oder auf die Toilette gehen. Aber müssen wir das wirklich? Tommi sitzt beispielsweise immer noch auf seinem Stuhl, und da ich nichts rieche, gehe ich davon aus, dass er entweder geschwindelt hat oder aber einhält. Gott hat uns mit einem freien Willen gesegnet, und dieser freie Wille erlaubt es sogar, dass wir uns im extremsten Fall zu Tode hungern.«

Tommi sah das anders, doch ich fand, dass da durchaus etwas dran war. In letzter Zeit war ich mir aber gar nicht mehr so sicher, ob uns der HERR mit diesem freien Willen wirklich einen Gefallen getan hatte. Ohne Verstand schien alles so viel einfacher. Wenn unser Cockerspaniel Tschacko unbeobachtet auf den Frühstückstisch sprang und sich ein Stück Wurst klaute, wurde er von Mama zwar ausgeschimpft, saß danach aber trotzdem satt und zufrieden in seinem Körbchen, leckte sich die Pfoten und wartete auf die nächste günstige Gelegenheit, um gegen das siebte Gebot zu verstoßen.

Bei uns Menschen war das anders. Wir wussten, was richtig oder falsch war. Und nicht nur das, wir Katholiken wussten auch, dass wir ständig überwacht wurden. Verglichen mit dem HERRN waren CIA und KGB reinster Kindergarten, denn der HERR wusste nicht nur, was man getan hatte, er wusste auch, was man dachte und was man in Zukunft noch alles tun würde. An der Stelle biss sich die Katze in den Schwanz. Wie konnten wir uns frei entscheiden, wenn der HERR im Vorfeld schon wusste, welche Entscheidung wir treffen würden? Aber noch viel wichtiger: Wenn der HERR doch wusste, dass wir gerade dabei waren, einen großen Fehler zu begehen, warum hielt er uns dann nicht davon ab?

Als ich acht Jahre alt war, ließ ich aus dem Koblenzer Kaufhof einen Schlumpf mitgehen. Mama wollte mir den kleinen Spielkameraden nicht kaufen, also dachte ich nicht lange nach und steckte ihn einfach in meine Hosentasche. Und so kam es, wie es kommen musste: Papa Schlumpf war der tonnenschwere Grundstein eines ständig wachsenden schlechten Gewissens.

Mit zwölf wehrte ich mich gegen Detlef, einen Jungen aus der Nachbarschaft. Ich streute ihm Dachnägel vors Haus, durch die er dann mit seinem scheiß Angeberfahrrad fuhr. Auch da ließ der HERR mich einfach machen. Als Detlef mit seinem Vater an unserer Haustüre klingelte und Papa mich zur Rede stellte, leugnete ich und lud weiteren Ballast auf mein Gewissen. So kam es, dass ich mich heute, mit meinen gerade mal sechzehn Jahren, manchmal wie ein richtiger Verbrecher fühlte. Ich hatte in meinem jungen Leben gelogen, gestohlen, fremde Sachen kaputt gemacht und schon dreimal heimlich geraucht. Alles unter dem strengen Blick des HERRN.

Auf der anderen Seite hatte diese Rundumüberwachung aber durchaus ihre Vorteile, denn egal, wo ich war, und egal, was passierte, ich fühlte mich niemals wirklich allein. Außerdem konnte ich mich felsenfest darauf verlassen, dass der HERR nie petzte, egal, was er auch gesehen hatte. Der HERR und ich – das waren zwei wie Pech und Schwefel, das waren vier Fäuste für ein Halleluja, zusammen gingen wir durch dick und dünn.

Mein Kumpel Tommi hatte dafür keinerlei Verständnis. Er, der ehemalige Messdiener, mein Bruder im Geiste, hielt Gott mittlerweile für eine Fiktion und mich für einen armen Irren, dem er helfen musste. So haute er mir immer mal wieder aus heiterem Himmel gemeine Fragen um die Ohren. Wie beispielsweise die, ob ich es denn nicht auch seltsam finde, dass Menschen in den westlichen Industrienationen weit öfter vom Krebs geheilt würden als Menschen in den ärmeren Ländern dieser Welt, obwohl dort doch viel mehr gebetet würde. »Ja, doch, klar«, gab ich zu. Das war ja auch wirklich seltsam. Trotzdem wollte ich mir einfach nicht vorstellen, dass es da oben niemanden gab.

Sosehr mich Tommis Fragen auch ärgerten, in einem Punkt waren wir uns immer einig: Egal ob der HERR existierte oder nicht, die Mehrzahl seines Bodenpersonals war eine wirkliche Zumutung. Geistliche Würdenträger hatten in den letzten zweitausend Jahren gequält, gefoltert, gemordet und dabei ein geradezu irrwitziges Vermögen angehäuft. Bis heute konnte der Vatikan einfach so irgendwelche Glaubensweisheiten herausposaunen, nach denen sich alle Gläubigen zu richten hatten. Wer auch nur einem dieser Dogmen öffentlich widersprach, dem drohte der Rausschmiss und damit gleichsam ewige Höllenqual.

Unglaublich. Dabei waren die Glaubenssätze der katholischen Kirche zum Teil wirklich haarsträubend. Nehmen wir beispielsweise mal die Jungfräulichkeit Marias, die Papst Pius IX. im Jahre 1854 als »Dogma de fide«, als unumstößliche Glaubensweisheit, festgelegt hatte. Mit viel Fantasie konnte man sich ja noch vorstellen, dass Maria vielleicht wirklich jungfräulich schwanger geworden war, aber die kirchliche Lehre besagte auch, dass Maria Jesus »ohne Verletzung ihrer Jungfräulichkeit« auf die Welt brachte. Wie hatte ich mir das vorzustellen? War Jesus bei seiner Geburt vielleicht nur einen halben Zentimeter groß gewesen?

Selbst Pater Peter konnte mir darauf keine vernünftige Antwort geben, obwohl er als geistlicher Biologielehrer doch genau der richtige Ansprechpartner für meine Fragen war. Augenzwinkernd ließ er mich wissen, dass ich mir meine Fragen zukünftig ganz genau überlegen solle, wenn ich nicht von der Schule fliegen wollte. Wollte ich nicht, also hielt ich den Mund. Wie gesagt, der HERR war mein Kumpel, und einige Priester waren ja auch wirklich okay.

Selbst der Bischof, der zu unserer Firmung zu uns in den Ort kam, schien ganz in Ordnung zu sein. Es war mal wieder einer dieser festlichen Tage, an dem sich meine ganze Verwandtschaft herausgeputzt hatte. Mama war aufgeregt wie eh und je, außerdem ganz schön sauer. Ursprünglich hatte sie nämlich einen von Papas Anzügen für mich umnähen lassen wollen, doch ich hatte mich mit Händen und Füßen dagegen gewehrt. Ich im Anzug? Auf keinen Fall, eher würde ich nackt gehen. Aber das wollte Mama nicht. Also gab sie mir zweihundert Mark, und ich kaufte mir davon eine graue Karottenhose, ein graues Sommerjackett mit eingenähten Schulterpolstern, ein weißes Hemd und eine schmale schwarze Lederkrawatte. Mama war erst einmal beruhigt.

Doch dann kam der Pfingstsonntag. »Du gehst mir nicht in Turnschuhen«, brüllte sie durch den Flur, obwohl ich keine zwei Meter entfernt von ihr auf dem Boden hockte.

»In was denn sonst?«, gab ich zurück.

»Egal, aber nicht in Turnschuhen.«

Ich ließ mich nicht aus der Ruhe bringen, band die Schnürsenkel meiner Kangaroos zu und sagte: »Mensch Mama, ist das deine Firmung oder meine? Mach dich doch einfach mal locker!«

Daraufhin rastete sie vollkommen aus und brüllte in

der Lautstärke eines startenden Jumbojets, dass sie locker sei, so locker wie noch nie in ihrem Leben, und dass ich verdammt noch mal machen solle, was ich wollte.

Das machte ich dann auch. Den ganzen Rummel um die Firmung fand ich sowieso mächtig übertrieben, auch wenn man uns etwas sehr Großes versprochen hatte: Der Heilige Geist würde an diesem Tag über uns kommen, nicht mehr und nicht weniger.

»Und es erschienen ihnen Zungen wie von Feuer, die sich verteilten; auf jeden von ihnen ließ sich eine nieder. Alle wurden mit dem Heiligen Geist erfüllt und begannen, in fremden Sprachen zu reden, wie es der Geist ihnen eingab.« (Apg 2,3-4)

Allerdings hatte uns Pastor Ben jegliche Hoffnung genommen, dass es auch nur annähernd so laufen würde wie damals bei den Jüngern. Stattdessen ließ er uns wissen, dass die Bibelstelle nur eine Allegorie sei, also ein Bild, und dass wir nicht glauben sollten, wir müssten in Zukunft keine Vokabeln mehr pauken. Dennoch sei die Firmung ein sehr wichtiger Schritt. Sie würde vollenden, was mit Taufe und Kommunion begonnen hätte – danach wären wir erwachsene Katholiken.

Erwachsen? Natürlich wollten wir sofort wissen, ob wir dann offiziell auch Filme ab achtzehn schauen durften, aber Pastor Ben winkte schmunzelnd ab. Die wären doch auch nicht viel spannender als die mit Jugendfreigabe.

Da sah man mal wieder, in was für einer heilen Welt unser Pastor lebte. Natürlich waren Filme ab achtzehn spannender, und natürlich hatte sich jeder von uns schon eine ganze Menge davon reingezogen. Die großen Hollywoodproduktionen wie *Mad Max* oder *Terminator* kannten wir alle, aber Stefan und ich hatten darüber hinaus auch schon ganz andere Dinge gesehen.

Wir waren fünfzehn, als seine Eltern während der Osterferien in Urlaub fuhren und ihm ein sturmfreies Haus und mehr als fünfzig Videokassetten hinterließen. Drei Tage lang schauten wir uns alles an, was die Sammlung hergab: *Freitag der 13.*, *Der Exorzist*, *Tanz der Teufel*, *Die rote Flut* und so weiter und so weiter. Danach trauten wir uns zwar nicht mehr allein in den Keller, hatten aber immer noch nicht genug. Also kramten wir auch noch die Kassetten heraus, die Stefans Papa in seinem Hobbyraum aufbewahrte. Zuerst sah es danach aus, als hätte ein Legastheniker Märchenfilme kopiert und sie mit zittriger Hand beschriftet: *Sündbad der Seepfarrer, Tarzan und seine Liane, Im Wald und auf der Heidi*. All das klang nach gähnend langweiliger Kinderunterhaltung. Doch als wir dann einen der Filme in den Videorekorder steckten, erlebten wir unser blaues Wunder. Im Biologieunterricht hatten wir zwar gelernt, wie sich Menschen oder Tiere fortpflanzten, dass man dafür aber praktisch jede Körperöffnung nutzen konnte, verblüffte uns dann doch.

Die Filme waren alles andere als langweilig gewesen, trotzdem wollten wir unserem Pastor nicht widersprechen. Stattdessen lauschten wir seinem Firmunterricht und versuchten wenigstens einigermaßen zu verstehen, was es mit dem Heiligen Geist eigentlich auf sich hatte.

Obwohl der in der Bibel oft als Atem oder Hauch be-
schrieben wurde, durften wir ihn uns nicht als unper-
sönliche Energie vorstellen. Der Heilige Geist war eine
Persönlichkeit mit Intelligenz, Willen und ausgeprägtem
Ichbewusstsein, aber gleichzeitig auch ein Teil der Drei-
faltigkeit des HERRN. Ganz schön kompliziert.

Den Heiligen Geist zu empfangen, war da schon viel
einfacher. Weihbischof Mallmann legte jedem Einzelnen von uns seine rechte Hand auf den Kopf und zeich-
nete uns anschließend mit geweihtem Salböl ein Kreuz
auf die Stirn. Dazu murmelte er: »Sei besiegelt durch die
Gabe Gottes, den Heiligen Geist.« Das war es auch schon.
Dass wir auf diese Zeremonie ein halbes Jahr vorbereitet worden waren, fand ich ganz schön übertrieben. Vor
allem, weil es nicht meine erste Begegnung mit einem
Geist war. Monate zuvor hatte ich mit drei Klassenkame-
raden das Gläserrücken ausprobiert, bei dem uns zwar
nicht der Heilige Geist erschienen war, dafür aber ein
Dämon, der ebenfalls über Intelligenz, Willen und ein
ausgeprägtes Ichbewusstsein verfügte: Adolf Hitler.

Adi, wie er sich bei unserer spirituellen Sitzung selbst
bezeichnete, hatte einen seltsamen Sinn für Humor. Als
wir ihn fragten, woher er denn komme, ließ er das Glas
erst auf den Buchstaben B, dann auf U, N, K, E und R
gleiten. Adi aus Bunker, das sagte uns nichts. Auch die
Antwort auf unsere Frage, was er denn früher beruflich
gemacht habe, ließ bei uns noch keinen Groschen fallen.
Was zum Henker war ein GRÖFAZ?

»Das ist doch alles Quatsch«, sagte Martin, in dessen

elterlichem Wohnzimmer wir unsere kleine Séance abhielten. Keine fünf Minuten vorher war er noch Feuer und Flamme gewesen, doch seit Adi im Raum war, zitterte Martins Hand. Kreidebleich ließ er uns wissen, dass er jetzt seinen Finger vom Glas nehmen würde, woraufhin Hermann »Untersteh dich!« zischte. Doch da war es schon zu spät. Im selben Moment, in dem Martin den Kontakt löste, drehte Adi im wahrsten Sinne des Wortes durch. Das Glas rotierte in einer unglaublichen Geschwindigkeit über den Tisch, blieb kurz stehen und schoss dann über die Kante, um auf dem Boden in tausend Teile zu zerschellen. Martin schrie auf, wir anderen waren vor Schreck wie gelähmt.

Der Erste, der wieder sprechen konnte, war Tommi. »Was war das denn?«, fragte er in Richtung Hermann, der mit düsterem Gesicht vor sich hin starrte.

»Das war Scheiße«, antwortete der, »das hätte nicht passieren dürfen.«

Hermann war der Einzige von uns, der mit Geisterbeschwörung Erfahrung hatte, und so wie er sich anzog, glaubten wir ihm das auch. Er und seine Schwester hatten das Ritual angeblich schon oft zelebriert, aber nie war irgendetwas Schlimmes passiert.

»Na ja, so schlimm war das jetzt auch nicht«, warf ich in den Raum, doch Hermann starrte nur weiter vor sich hin und flüsterte kaum hörbar: »Hast du eine Ahnung.«

»Jetzt krieg mal die Zähne auseinander, du Wichtigtuer«, schnaubte Tommi, »sonst passiert hier gleich wirklich etwas Schlimmes.« Er hatte Hermann noch nie leiden können, und eigentlich war er nur dabei, weil ich ihn überredet hatte. Da Tommi weder an Götter noch an Geister glaubte, gab er Hermann die Schuld. »Ich glaube, der Grufti ist das einzige Gespenst im Raum. Gib schon zu, Hermann, dass du das gerade selbst warst.«

»Mir doch egal, was du glaubst«, entgegnete Hermann, »auf jeden Fall haben wir den Geist nicht zurückgeschickt, und deswegen ist er immer noch in diesem Zimmer.«

»W-w-was?«, stammelte Martin. »Und jetzt?«

Hermann seufzte. »Jetzt gibt es nur eine Lösung. Wir müssen noch mal von vorn anfangen.«

Tommi sprang auf, schnappte sich seine Jacke und war mit einem »Ihr tickt doch nicht ganz richtig!« schon halb zur Tür hinaus, als Martin sich mit flehendem Blick an ihn wandte.

»B-b-bitte, Tommi, geh jetzt nicht. Ich hab eine Scheißangst!«

Tommi seufzte, setzte sich wieder mürrisch auf seinen Platz und sagte: »Okay, noch einmal. Aber nur wegen Martin.«

Hermann und ich räumten die Scherben weg und stellten ein frisches Glas mit dem Boden nach oben auf die Mitte des Tisches. Dann legten alle erneut den Zeigefinger der rechten Hand darauf, und Hermann begann mit der Beschwörungsformel, in die wir schließlich einstimmten: »Wir rufen dich, großer Geist! Wir rufen dich, großer Geist! Wir rufen dich, großer Geist!«

Zögerlich begann sich das Glas im Kreis zu bewegen,

bevor es nach einer knappen Minute wieder zielstrebig von Buchstaben zu Buchstaben steuerte. Mucksmäuschenstill lasen wir mit.

»E-R-S-C-H-I-E-S-S-T-I-H-N.«

»Adi, bist du das?«, fragte ich in die Stille hinein. »Was meinst du damit? Wen sollen wir erschießen?«

Das Glas setzte sich erneut in Bewegung.

»D-E-N-M-A-R-T-I-N-D-U-I-D-I-O-T.«

Ich war vielleicht nicht der mutigste Mensch auf diesem Planeten, aber beschimpfen ließ ich mich von niemandem, auch nicht von einem Geist. »Selber Idiot«, gab ich trotzig zurück, woraufhin das Glas wieder Fahrt aufnahm.

Dieses Mal las Tommi vor: »D-U-J-U-D-E-N-S-A-U.«

Ich war sprachlos. Adi war ein Fascho! Unvermittelt entstand vor meinem geistigen Auge ein Skinhead mit Doc Martens, Baseballschläger und einer nazitypischen, durch und durch hässlichen Fresse. Doch bevor ich irgendetwas sagen konnte, ergriff Hermann das Wort.

»So geht das nicht, wir dürfen den Adi nicht ärgern.« Er atmete tief und theatralisch ein und sagte dann laut: »Adi, wie können wir dir helfen. Was willst du von uns?«

Adis Antwort ließ nicht lange auf sich warten.

»D-E-N-T-O-T-A-L-E-N-K-R-I-E-G.«

Schon beim Buchstaben I hatte Tommi Schnappatmung bekommen. »Hermann. Hör auf mit der Scheiße«, zischte er leise, »sonst poliere ich dir deine blöde Visage!«

Just in dem Moment, als Hermann sich rechtfertigen wollte, hörten wir jemanden die Haustüre öffnen. Martins Mutter war zurück aus der Stadt, zwei Stunden früher als erwartet. In panischer Hektik räumten wir sowohl das Glas als auch alle anderen Utensilien unserer teuflischen Sitzung vom Tisch und taten so, als würden wir Karten spielen. Danach haben wir von Adi nie wieder etwas gehört. Zu Lebzeiten war Adolf Hitler ein geisteskranker Massenmörder, doch als Geist hatte er scheinbar genauso viel Angst vor Martins Mutter wie wir.

Mir war die Begegnung mit dem Führer jedenfalls eine so große Lehre, dass ich – mal abgesehen von der Firmung – an keiner einzigen Geisterbeschwörung mehr teilnahm. Wenn so etwas nämlich schiefging, konnte man sich als Katholik verdammt warm anziehen. Ich sage nur Exorzismus. Und das ist wirklich kein Spaß.

15.

Lieber blau als blöd – der Punkrock

»Wenn du dir die Haare rot färben lässt, streiche ich dir das Taschengeld!«

Mamas Worte waren scharf und unmissverständlich, wahrscheinlich nahm sie mir die Sache mit der Wüstenspringmaus immer noch krumm. Dabei hatte ich doch gar nichts Schlimmes getan.

Aber von vorn. Nachdem unser Hund Tschacko gestorben war, stand ich beinahe jeden Nachmittag vor der Zoohandlung Weller und beobachtete die Nager im Schaufenster. Eines Tages gab ich mir einen Ruck, ging hinein und bat die Besitzerin um einen Gefallen. Ich war es nämlich langsam leid. Schon seit Wochen kämpfte ich zu Hause um ein neues Haustier, kam dabei aber keinen Schritt weiter. Wenn ein neues Tier ins Haus käme, dürfte es weder so viel Arbeit machen wie ein Hund oder eine Katze, noch dürfte es so eklig sein wie eine Vogelspinne oder eine Ratte.

Zwei Tage nach meinem Besuch bei Frau Weller schleppte ich Mama in die Zoohandlung, um ihr Felix, die afrikanische Wüstenspringmaus vorzustellen. Meine

Rechnung ging auf. »Die ist aber süß«, schwärmte meine Mutter, »die nehmen wir direkt mit.«

Felix wurde eingepackt, und nichts hätte den häuslichen Frieden gestört, wäre meine gottverdammte Schwester nicht gewesen. Als Mama bei Juttas nächstem Besuch ihr unser neues Familienmitglied vorstellte, stand diese doofe Nuss vor dem Käfig und platzte beinahe vor Lachen. Biologie sei zwar nicht gerade ihre Stärke gewesen, aber Felix sei definitiv keine Wüstenspringmaus, sondern eine Ratte, genauer gesagt eine graue Wanderratte.

Toll. Nach dieser Geschichte war Mama wirklich sauer. Ein solcher Vertrauensbruch sei das Allerletzte, und ich solle ja nicht noch einmal auf die Idee kommen, sie so aufs Kreuz zu legen.

Aber was blieb mir denn anderes übrig? Wäre es nach meiner Mutter gegangen, hätte ich das Leben eines Spießers geführt. Meine Bundeswehrtasche fand sie schrecklich, meine Musik grundsätzlich zu laut, und die meisten meiner Ideen »ein bisschen übertrieben«. Und da sie immer noch das Sagen hatte, musste ich sie manchmal überlisten.

So wie mit den Haaren. Natürlich sollten die nicht rot werden, ich war ja kein Hippie. Hätte ich ihr aber von meinen eigentlichen Plänen erzählt, wäre sie vor Ärger wahrscheinlich auf der Stelle tot umgefallen. Also provozierte ich genau die Reaktion, die zu erwarten war, und schloss mich anschließend, ihren Erwartungen entsprechend, in meinem Zimmer ein und drehte die Anlage auf. Meine Lautsprecherboxen brüllten »Macht kaputt, was euch kaputtmacht«, und ich lag auf dem Bett und war in Gedanken bei meiner neuen Frisur.

Keine zwei Wochen später kam ich mit blauen Haaren nach Hause. Mama stand in der Küche und bereitete gerade das Abendessen vor, als ich ihr aus dem Flur entgegenrief, sie möge sich doch bitte mal kurz hinsetzen. Dann lugte ich um die Ecke, und alles, was ich zu hören bekam, war: »Interessant. Dann spare ich ja jetzt eine ganze Menge Taschengeld.«

»Wieso?«, flötete ich betont unschuldig. »Du hast mir doch Rot verboten – von Blau war nie die Rede.«

Meine Mutter blieb für ihre Verhältnisse äußerst gelassen, was man von meiner restlichen Umwelt nicht behaupten konnte. Entweder gab es Begeisterung oder aber – und das in den allermeisten Fällen – unverhohlene Ablehnung. Koblenz war zu diesem Zeitpunkt schon seit Jahrhunderten die größte Garnisonsstadt Deutschlands, kein Wunder also, dass man Individualität für eine schlimme Krankheit hielt. Doch genau diese Ablehnung war meine Motivation. Ich genoss die irritierten Blicke auf der Straße und ließ mich anfänglich auch nicht davon abhalten, meinen Aufgaben in der Gemeinde weiter nachzugehen. Das war vielleicht ein Spaß, vor allem wenn ich während der Messe als Lektor an die Kanzel trat. Normalerweise schliefen die Leute fast ein, sobald ihnen jemand aus der Bibel vorlas, doch mit den blauen Haaren war plötzlich alles anders. Man tuschelte oder schüttelte demonstrativ den Kopf, und manch einer schreckte auch nicht davor zurück, sich nach der Messe beim Pastor über mich zu beschweren. Auch meine Eltern wurden angefeindet, gefielen sich aber immer mehr darin, ihren eigenartigen Sohn in Schutz zu nehmen. Selbst meine Oma wies ihre Freundinnen zurecht, wenn diese damit anfingen, abfällige Bemerkungen über mich zu machen. Alles in allem waren meine blauen Haare also ein Familienprojekt, was mich auch meiner Schwester ein bisschen näherbrachte – denn Jutta fand mich zum allerersten Mal in ihrem und meinem Leben tatsächlich cool.

Uncool hingegen war die Tatsache, dass sich das herrlich strahlende Blau auf meinem Kopf schon nach drei bis vier Tagen verflüchtigte und einem schimmeligen Grün Platz machte. Also blieb mir auf Dauer nichts anderes übrig, als immer wieder nachzufärben oder mich an den Schimmel zu gewöhnen. Dass ich mich schon nach drei Wochen für Option zwei entschied, lag in erster Linie an einem Mitschüler namens Wollo. Wollo war neunzehn, also zwei Jahre älter als ich, und sah aus wie der eineiige Zwillingsbruder von Johnny Rotten, der Frontsänger von den Sex Pistols. Besser gesagt sah er aus wie Johnny Rottens rheinländisches Double, wie ich feststellte, als er mich eines Tages auf dem Schulhof im breitesten Koblenzer Dialekt anquatschte: »Sachemo, Kolleje, kannst dau singe?«

Ich war total verdutzt. Schon seit einiger Zeit bewunderte ich diesen Typen für sein abgefahrenes Äußeres, hatte mich aber nie getraut, ihn anzusprechen. Wollo gehörte zu den Großen, ging also in die Dreizehnte, während ich noch die elfte Klasse besuchte. Außerdem sah er nicht aus, als würde er Freunde suchen.

»Also, äh, eigentlich nicht, nein«, stammelte ich, um kurz drauf zu fragen: »Warum?«

Wollo blickte mich gelangweilt an. »Weil ich en Sänger für unsere Bänd sooche. Has dau Bock?«

»Aber ich kann doch gar nicht singen«, wiederholte ich noch einmal, woraufhin sich Wollos betont coole Mimik in ein schelmisches Grinsen verwandelte. »Dat mussde jo och nit, Hauptsach, dau pass in die Optik.«

Wie sich herausstellte, war Wollo Schlagzeuger einer Punkband und darüber hinaus ein total herzlicher Typ. Noch am gleichen Tag saß ich auf dem Boden eines verranzten Luftschutzbunkers, inmitten Hunderter leerer Bierdosen, und lauschte den Songs, die er sich mit seinen Jungs ausgedacht hatte. Wahnsinn. Der Sound war der absolute Hammer. Nikkes an der Gitarre und Sven am Bass lieferten sich mit Wollo geradezu ein Wettrennen, trotzdem klang das Ganze harmonisch. Zumindest so lange, bis sie mir das Mikro in die Hand drückten und sagten, ich solle einfach mal drauflossingen. Tolle Idee. Einfach mal drauflossingen.

Punkt eins: Die Stimme, die da aus der Anlage kam, war mir nicht nur völlig fremd, sondern auch maximal peinlich.

Punkt zwei: Es gab noch keine Texte zu den Stücken, also musste ich improvisieren. Die ersten zwei Songs über brachte ich kaum ein Wort heraus, dann legten wir endlich eine dringend notwendige Bierpause ein.

Zwanzig Minuten und zwei halbe Liter später wusste ich, was zu tun war. Die Jungs malträtierten auf ein Neues ihre Instrumente, und ich warf alle Peinlichkeit über Bord und grölte aus vollem Hals, was ich jahrelang im Playback geübt hatte: »Macht hoch die Tür, die Tor macht weit, es kommt der HERR der Herrlichkeit …«

Ich wurde vom Fleck weg engagiert.

Als ich Tommi tags drauf von meiner ersten Bandprobe erzählte, war er hellauf begeistert. »Das mit dem Kirchenlied ist eine geile Idee«, lobte er mich und nahm einen tiefen Zug von dem Joint, den wir uns zur Feier der beginnenden Sommerferien gerade gedreht hatten.

Seit einem halben Jahr war das unser festes Ritual. Zu jedem Ferienbeginn besorgten wir uns ein kleines Krümelchen Gras, machten es uns keine zweihundert Meter von der Schule entfernt am Ufer der Lahn gemütlich und zogen einen durch.

»Aber der Text war doch nur eine Notlösung«, erwiderte ich, »das singe ich nur, bis mir was Besseres einfällt.«

»Bist du doof«, erwiderte Tommi und reichte mir den Joint. »Das ist genial, damit zeigst du den Pfaffen, wo der Hammer hängt.«

»Das vielleicht schon«, antwortete ich und nahm einen kräftigen Zug, bevor ich mich unter Ausstoßung einer riesigen Dampfwolke sagen hörte: »Aber irgendwie habe ich dabei ein schlechtes Gewissen.«

»Du bist ja echt bescheuert. Mann, Mann, Mann. Dein Gott, der von da oben angeblich auf dich aufpasst, ist reines Wunschdenken. Es gibt keine Götter, wie oft denn noch?« Tommi hatte sich gerade gemütlich ins Gras gelegt, aber jetzt richtete er sich wieder auf und fixierte mich mit bekifften Sehschlitzen. »Pass mal auf, ich erzähl dir mal von einem Artikel, den ich neulich gelesen habe. Es gibt da ein Experiment, bei dem man Zahlenpaare auf den Tisch legt und die Versuchsteilnehmer fragt, ob diese Zahlen zusammenpassen oder nicht. Was die Teilnehmer nicht gesagt bekommen: Die Zahlen werden völlig willkürlich ausgewählt. Einfach zwei Zahlen, ohne System – 8 und 1. 42 und 11. 5 und 93.«

Er streckte die Hand aus, und ich gab ihm den Joint zurück. Tommi sog daran, atmete hustend aus, dann sprach er weiter.

»Am Anfang lässt der Versuchsleiter die Teilnehmer erst einmal durchfallen, bei jedem einzelnen Zahlenpaar. Egal ob sie sagen, die Zahlen passen zusammen oder nicht, es ist immer falsch, falsch, wieder falsch. Plötzlich sagt er richtig, dann wieder falsch, noch mal richtig und so weiter und so fort. Wie gesagt: vollkommen willkürlich, es gibt keine Logik, keinen höheren Sinn. Was passiert? Die Teilnehmer suchen nach Mustern und erschaffen die absonderlichsten Theorien, obwohl es zwischen den Zahlen immer noch keinerlei Zusammenhang gibt. Wenn der Versuchsleiter auch nur die Hälfte der Antworten mit einem ›richtig‹ belohnt, ist der Teilnehmer nach Beendigung des Experiments der festen Überzeugung, eine Regel gefunden zu haben. Manchmal sogar so sehr, dass er dem Versuchsleiter nicht mehr glauben möchte, wenn der ›falsch‹ sagt. Und genau so funktioniert der Glaube.«

»Du meinst also, Religion ist reine Einbildung?«

»Einbildung ist das falsche Wort. Menschen suchen nach Mustern. Und wenn wir ein solches Muster erst einmal gefunden haben, selektieren wir. Ab da registriert unser Gehirn dann nur noch das, was in unser mühsam erdachtes Gedankengebäude hineinpasst, alles andere blenden wir einfach aus. Wie gesagt, ich habe das neulich in so einer Wissenschaftszeitung gelesen. Die haben geschrieben, dass wir in unseren Hirnen zwei Mitarbeiter sitzen haben, den Denker und den Beweisführer. Der Denker ist damit beschäftigt, irgendwelche Theorien über die Welt da draußen aufzustellen, der Beweisführer ist dafür da, diese Theorien zu bestätigen. Du kennst doch den Spruch ›Siehst du Ems, dann brems!‹, oder?«

Ich nickte. »Siehst du Ems, dann brems!« war eine von Papas Lieblingsfloskeln, die er von sich gab, wenn wir im Auto saßen und wieder mal jemand mit Emser Kennzeichen vor uns her schlich. Und es waren wirklich immer die Leute mit Emser Nummernschild, die uns am zügigen Fortkommen hinderten.

»Klar«, sagte ich schmunzelnd und nahm den Joint wieder entgegen. »Leute aus Bad Ems sind beim Autofahren so begabt wie ein Elefant beim Ballett. Das weiß doch jeder.«

Tommi runzelte die Stirn. »Hast du dir mal Gedanken darüber gemacht, warum ausgerechnet die Emser schlechter Auto fahren sollen als die Koblenzer?«

»Keine Ahnung«, antwortete ich schulterzuckend, »vielleicht haben die schlechtere Fahrschulen. Oder sie kennen sich in unserer Gegend einfach nicht so gut aus und machen deswegen immer so langsam. Ist doch egal, oder?«

Tommi lächelte mitleidig. »Komm, so doof bist du doch nicht. Der Spruch ist totaler Blödsinn, aber er zeigt, wie menschliches Denken funktioniert. Ein schnelles Auto mit Emser Kennzeichen würde dir nämlich nie auffallen, ein langsames Auto mit Koblenzer Kennzeichen auch nicht. Und genau da steckt die Gefahr. Wenn du erst einmal an etwas glaubst, dann kommst du da auch nur ganz schwer wieder raus.«

»So schwer wie du gerade aus deinem Laberflash, oder was?«, gab ich breit grinsend zurück. »Ich glaube, ich hab's kapiert, aber jetzt bin ich zu breit, um noch weiter nachzudenken. Lass uns mal über was Einfacheres reden. Vielleicht über Bräute?«

Tommi prustete. »Seit wann sind Frauen denn einfach?«

Später, als ich schon im Bett lag und dem HERRN für diesen wunderschönen Tag danken wollte, gingen mir Tommis Argumente noch einmal durch den Kopf. Natürlich, es gab genügend Gründe, aus der Kirche auszutreten. Allein die Tatsache, dass die Heilige Römische Inquisition als Kongregation für Glaubensfragen noch immer existierte und sich kein einziger Papst für all die Gräueltaten dieser Institution jemals entschuldigt hatte, zeigte doch schon, in was für einem miesen Verein ich da Mitglied war. Anderen die Sünden vorhalten, aber selbst knietief in der Scheiße stehen – darin waren kirchliche Würdenträger mindestens genauso gut wie damals die Pharisäer, über die Jesus mal sagte: »Blinde Führer seid ihr: Ihr siebt Mücken aus und verschluckt Kamele.« (Mt 23,24)

Blieb die Frage, ob der HERR überhaupt existierte. Was, wenn Tommi tatsächlich recht hatte, wenn der HERR nur eine Fiktion war? Dann hätte ich Abend für Abend mit einem Phantom gesprochen. Na und? Viel schlimmer wäre es doch anders herum, wenn der HERR existieren, ich aber nicht an ihn glauben würde. Dann würde ich am Ende meiner Tage blöd aus der Wäsche gucken. Nein, das war mir zu heikel. Ich wollte an einen Schöpfer glauben. An einen, der auf mich aufpasste und mich eines Tages zu sich in den Himmel nehmen würde. Dafür brauchte ich zwar nicht zwangsläufig in der Kirche zu bleiben, aber wenn der HERR wirklich wollte, dass ich austrat, dann würde er mir den Weg schon aufzeigen. Genauso, wie er mich gerade Karriere als gläubiger Punk machen ließ, als Typ, der auch nach einem halben Hektoliter Bier noch wusste, wie man mit einem stilechten Gebet ins Kissen fiel: »So come on and let me know, should I stay or should I go?«

16. Time to Say Goodbye

Pater Direktor war geschockt, hatte sich binnen weniger Augenblicke aber wieder vollkommen im Griff und bat mich herein. Er hatte wohl mit vielem gerechnet, aber nicht damit, dass sein neuer Schülersprecher mit strähnigem Irokesenschnitt, bunt bemalter Domestos-Jeans und ausgelatschten Springerstiefeln zum Antrittsbesuch an seine Tür klopfen würde.

»Verstehen Sie mich bitte nicht falsch«, erklärte er mir, nachdem wir die ersten zehn Minuten unseres Gesprächs mit dem Austausch höflicher Floskeln verbracht hatten, »aber es ist nun einmal meine Pflicht, Ihnen das zu sagen. Sie repräsentieren in Ihrer Funktion als Schülersprecher jetzt mehr als achthundert Schüler, da sollten Sie bei offiziellen Terminen schon ein bisschen auf Ihr Äußeres achten.«

»Aber das tue ich doch«, gab ich freundlich lächelnd zurück und dachte: Wer im Schlachthaus sitzt, sollte nicht mit Schweinehälften werfen. Soutanen sind auch nur bessere Nachthemden.

Trotzdem nahm ich mir Pater Direktors Worte zu Herzen und wählte ab diesem Moment zu jedem offiziellen Anlass ein passendes Outfit. Bei meiner ersten Lehrerkonferenz trug ich das *Fuck-the-System*-Shirt der Band Exploited, bei der Verabschiedung unseres Englischlehrers Herrn Luitpold zierte der Spruch »Zu spät!« von der Band Canal Terror meinen Oberkörper. Ich liebte T-Shirts, nur leider waren sie alles andere als spontan.

Hätte ich beispielsweise vorher gewusst, aus welchem Grund mich Pater Direktor am 14. März 1987 in sein Büro gebeten hatte, hätte ich mir schnell noch mit Edding »Ich kotz gleich!« auf die Brust geschrieben. So aber stand ich vollkommen unvorbereitet und underdressed vor dem Chef des Lahnsteiner Panzerartilleriebataillons 351, Herrn Oberstleutnant Schneider, und schüttelte ihm freundlich die Hand.

Der Oberstleutnant schien von Pater Direktor auf mein Äußeres vorbereitet worden zu sein, jedenfalls verzog er angesichts meiner Erscheinung keine Miene. Im Gegenteil. Mit Sätzen wie »Als junger Mann hatte ich auch lange Haare« versuchte er sich ungeniert bei mir einzuschleimen.

»Gerade Menschen sind mir lieber als Duckmäuser«, sagte er.

Aha, schön, dachte ich, aber was hat das alles mit mir zu tun?

»Nun, mein lieber Ralf«, erklärte Pater Direktor, als könnte er meine Gedanken lesen, »der Herr Oberstleutnant würde gern auf unserem Schulhof eine öffentliche Vereidigung junger Rekruten abhalten, und dazu wollten wir Sie nach Ihrer Meinung fragen.«

Ach du dickes Ei. Das war der größte Scheiß, den ich seit Langem gehört hatte. Eine Werbeveranstaltung der Bundeswehr auf unserem Schulhof, auf dem Gelände einer christlichen Privatschule? Wie vertrug sich das denn bitte mit dem fünften Gebot? In meinem Kopf rotierten die Gedanken. Einerseits war glasklar, dass Christentum und Gewalt sich gegenseitig ausschlossen: »Wenn dich einer auf die rechte Wange schlägt, dann halt ihm auch die andere hin.« (Mt 5,39) Andererseits hatte die katholische Kirche schon oft genug bewiesen, dass sie es mit den Worten Jesu nicht immer ganz so ernst nahm. Genau genommen waren im Namen des einzig wahren Gottes sogar mehr Kriege geführt worden als für irgendeine andere Sache auf dieser Welt. Da war es also nicht mehr als konsequent, gerade bei uns die Werbetrommel zu rühren. Wie gesagt, ich hätte kotzen können, bewahrte aber einigermaßen die Fassung.

»Ich gehe davon aus, dass Sie nicht nach meiner persönlichen Meinung fragen, sondern nach der Meinung der Schülerschaft«, antwortete ich mit versteinerter Miene. »Die muss ich erst einmal einholen, und das wird ein bisschen dauern.«

Pater Direktor nickte zustimmend. »Eine kluge Antwort. Ich sehe, ich habe mich in Ihnen nicht getäuscht. In einer Woche erwarte ich Ihre Ergebnisse.«

Großartig – wie sollte ich das denn anstellen? Innerhalb einer Woche mehr als achthundert Schüler zu befragen, war ein Ding der Unmöglichkeit, und das wusste unser Direktor genauso gut wie ich. Ihm ging es gar nicht um die Meinung der Schüler, ihm ging es um ein Alibi, damit er sich später nicht den Vorwurf gefallen lassen musste, die Schülerschaft bei der Entscheidung einfach übergangen zu haben.

Ich war sprachlos ob seiner Kaltschnäuzigkeit und guckte doof aus der Wäsche, während die beiden Männer um die Wette strahlten. Zum Abschied lud Oberstleutnant Schneider Pater Direktor und mich kommende Woche in seine Kaserne ein. »Inklusive einer Runde Panzerfahren«, versprach er mir beim Rausgehen augenzwinkernd – was bei mir das Fass endgültig zum Überlaufen brachte. Wen glaubte dieser Oberlippenbart tragende Bundeswehrheini eigentlich vor sich zu haben? Ich war doch kein kleiner Junge, den man mit einer Runde Panzerfahren bestechen konnte. Ich war siebzehn Jahre alt, Schülersprecher des St.-Martin-Gymnasiums, Fan von Che Guevara und Punkrocker. Am liebsten hätte ich ihm entgegnet, dass er sich seine Panzerfahrt in den Arsch schieben könne – aber dafür war ich dann doch nicht Punkrocker genug.

Zu unserem nächsten Treffen wurden wir vom Fahrer des Oberstleutnants in einem fetten S-Klasse Mercedes chauffiert. Und da es sich der Kompaniechef nicht nehmen ließ, Pater Direktor und mich persönlich einzusammeln, thronte am vorderen linken Kotflügel der Wimpel des Panzerartilleriebataillons 351. Als echter Punk ließ ich mich davon selbstverständlich nicht beeindrucken. Genauso wenig wie von den zweihundert Soldaten, die am Kasernentor zu unserer Begrüßung salutierten, oder von der Fahrt mit dem Leopard 2, den ich sogar eigenhändig durchs Gelände steuern durfte. Mit seinen sechzig Tonnen brachte es dieses Ungetüm auf eine Spitzengeschwindigkeit von siebzig Stundenkilometer und walzte dabei alles platt, was ihm im Weg lag. Wir rasten über Hügel, bretterten quer durch einen Bach, und am Ende war mein Hirn tatsächlich so weichgespült, dass ich dem Oberstleutnant arglos in die Falle tappte: Übermorgen sei ja schon die Konferenz der Klassensprecher, auf der über das Gelöbnis abgestimmt werden sollte. Er würde mir an diesem Tag gern einen Soldaten zur Seite stellen, nur für den Fall, dass es irgendwelche Fragen zum Ablauf des Gelöbnisses oder zur Bundeswehr im Allgemeinen gäbe.

Alles, was mir Trottel dazu einfiel, war: »Gute Idee.«

Damit hatte ich die Schlacht um unseren Schulhof auch schon verloren. Besagter Soldat entpuppte sich nämlich als rhetorisch geschulter Offizier, der ungefragt all unsere Bedenken abwiegelte, um anschließend ein Argument mit der Durchschlagskraft einer Atombombe im Konferenzsaal zu zünden: einen halben Tag unterrichtsfrei für alle Schüler ab der achten Klasse.

Dafür wäre ich diesem Bundeswehrfuzzi am liebsten ins Gesicht gesprungen, doch das hätte auch nichts mehr geändert. Die Schlacht war verloren, jetzt galt es, den Gegenangriff zu organisieren. Mit meinen Kollegen der Schülervertretung saß ich noch zwei Stunden nach der Konferenz in unserem kleinen Büro und diskutierte alle uns zur Verfügung stehenden Möglichkeiten. Eine kurze Zeit lang erwogen wir sogar, die ganze Veranstaltung mit einer anonymen Bombendrohung platzen zu lassen, aber dazu fehlte uns letztendlich der Mut. Stattdessen schrieben wir eine Rede, besser gesagt: zwei. Eine davon bekam Oberstleutnant Schneider, der mir selbstverständlich gern ein Grußwort gestattete, solange er es vorher einmal kurz lesen durfte. Mit der zweiten Rede in der Hand stieg ich am 21. Mai um 11:38 Uhr auf das schwarz-rot-golden geschmückte und von zwei strammstehenden Offizieren flankierte Rednerpult und begrüßte Mitschüler, Lehrerkollegium und Gäste, bevor ich das Wort an die knapp einhundert angetretenen Rekruten richtete.

»Liebe Wehrpflichtige, ihr seid heute hier zusammengekommen, um zu geloben, der Bundesrepublik Deutschland treu zu dienen und die Freiheit des Deutschen Volkes tapfer zu verteidigen. Das ist eine tolle Sache, und ihr seid sicherlich schon ganz schön aufgeregt. Doch bevor es gleich losgeht, gestattet mir noch ein oder zwei Anmerkungen. Zuallererst möchte ich betonen, dass die Bundeswehr eine echte Armee ist, auch wenn sie seit ihrer Gründung am 5. Mai 1955 noch keinen einzigen Kampfeinsatz hatte. All die Panzer, Gewehre und Raketen, die ihr in eurer Grundausbildung bereits kennengelernt habt, wurden dafür gebaut, möglichst viele Menschen umzubringen. Selbstverständlich dienen sie heute in erster Linie der Abschreckung, doch schon morgen könntet ihr den Befehl bekommen, sie in einem Ernstfall einzusetzen. Fragt euch selbst: Könnt ihr das wirklich? Könnt ihr einen anderen Menschen einfach so erschießen, ihn mit Granaten bewerfen oder auf irgendeine andere Art umbringen? Wenn nicht, dann habt ihr jetzt und hier die Möglichkeit, euren Wehrdienst aus Gewissensgründen zu verweigern. Wer das nicht tut, dem rate ich als guter Katholik und Schülersprecher einer christlichen Lehranstalt dringend zu folgender Vorgehensweise aus dem 4. Buch Mose: ›Jeder von euch, der einen Menschen umgebracht hat, und jeder, der einen Erschlagenen berührt hat, muss sich am dritten und am siebten Tag der Entsündigung unterziehen, ihr selbst wie eure Gefangenen. Auch alle Kleidungsstücke, alle Lederwaren, alle Erzeugnisse aus Ziegenhaar und alle Holzgeräte müsst ihr entsündigen.‹ Wie das mit dem Entsündigen genau funktioniert und was ihr nach einem Kampfeinsatz beachten solltet, könnt ihr im Buch Numeri, Kapitel 31 selbst nachlesen. Und jetzt wünsche ich euch noch viel Spaß bei eurem Gelöbnis.«

Das wäre die Rede gewesen, die ich gern gehalten hätte. Doch ich Feigling blieb natürlich bei der offiziellen Version. In ihr betonte ich die lange pazifistische Tradition des Christentums und unterstrich dabei gleichzeitig die Notwendigkeit einer Bundeswehr. Echt peinlich.

Noch peinlicher war nur, dass Oberstleutnant Schneider mir nach dem Gelöbnis unbedingt die Hand schütteln wollte. Ich unterhielt mich gerade mit der kleinen Gruppe von Demonstranten, die die Friedensbewegung Pax Christi zum Gelöbnis entsendet hatte, als der Kompaniechef im Stechschritt angelaufen kam. »Das haben Sie wirklich großartig gemacht«, schleimte er mich an und streckte mir dabei die Hand entgegen. »Ich bestehe darauf, dass Sie Ihren Wehrdienst in meiner Kaserne ableisten!«

Jawohl, mein Führer, dachte ich, biss mir aber auf die Zunge. Stattdessen erklärte ich dem Oberstleutnant, dass ich den Dienst an der Waffe aus Gewissensgründen verweigern würde.

Seltsamerweise schien Oberstleutnant Schneider davon wirklich überrascht zu sein. Er hob eine Augenbraue, grummelte irgendetwas, das wie echtes Bedauern klang, wünschte mir alles Gute und verschwand anschließend genauso zackig, wie er aufgetaucht war.

Um ehrlich zu sein, waren die Gewissensgründe aber nur vorgeschoben. In Wirklichkeit hatte ich einfach keinen Bock auf Kurzhaarfrisur, Uniform und Befehle. Außerdem war mir auch nicht klar, warum ausgerechnet *ich* im Ernstfall all jene Leute verteidigen sollte, gegen die ich mich als Punk Tag für Tag selbst schützen musste. Und damit meine ich nicht nur die verbalen Attacken.

Kurz nach meinem siebzehnten Geburtstag wurde ich zum ersten Mal von Skinheads angegriffen, gerade als ich auf dem Weg zur Bushaltestelle durch eine Unterführung lief. Wie aus dem Nichts stand plötzlich eine ganze Horde haar- und hirnloser Hooligans vor mir und begann unvermittelt auf mich einzudreschen. Nach zwei oder drei einkassierten Schlägen gelang mir zwar einigermaßen unbeschadet die Flucht, doch von da an war die Angst mein ständiger Begleiter.

Mein Vater schleppte mich nach dem Überfall zur Polizei, was die ganze Sache noch viel schlimmer machte. Der zuständige Polizist hatte nämlich nichts Besseres zu tun, als den sieben von mir identifizierten Skinheads meinen Namen zu verraten. Überhaupt war die Staatsgewalt immer darum bemüht, den Punks zu zeigen, was sie von politisch linksorientierten Menschen hielt. Bei jeder noch so kleinen Gelegenheit wurden wir angehalten, gemaßregelt und durchsucht, während die Jungs aus dem rechtsextremen Milieu selbst nach tätlichen Übergriffen immer wieder ungeschoren davonkamen. Nach und nach wuchs in mir ein unbändiger Zorn gegen jegliche Form von Autorität, ein Zorn gegen all die Menschen, die mich verwalten, bevormunden oder regieren wollten. Und ja, dieser Zorn richtete sich auch gegen den HERRN.

Wie konnte es ein allmächtiger Gott dulden, dass Millionen Afrikaner verhungerten, während die Menschen in den westlichen Industrienationen immer fetter wurden? Wie konnte er es hinnehmen, dass die Menschheit den Planet Erde, seine Schöpfung, ausbeutete und ruinierte? Wie konnte er tatenlos dabei zusehen, wenn Menschen entrechtet, misshandelt und getötet wurden? Doch vor allem stellte ich mir immer wieder diese eine alles entscheidende Frage: Wie konnte es der HERR zulassen, dass Menschen andere Menschen bestialisch abschlachteten, nur weil sie den vermeintlich falschen Glauben hatten?

Es dauerte eine Weile, aber dann hatte ich endlich begriffen, dass mein Freund Tommi die ganze Zeit über recht gehabt hatte: Weil der HERR nicht existierte.

Die Bibel war der klägliche Versuch eines Hirtenvolkes, das Unerklärliche zu erklären, nicht mehr und nicht weniger. Und der allmächtige Gott dieser Bibel diente der katholischen Kirche schon seit zweitausend Jahre dazu, ihre Macht auszubauen und zu sichern. Dabei zweifelte ich nicht an der Existenz eines übernatürlichen Wesens. Auch nicht daran, dass Jesus tatsächlich gelebt hatte. Ich glaubte nur nicht mehr, dass ausgerechnet Priester, Bischöfe und der Papst einen besseren Draht zu diesem Wesen haben sollten als ich. Was bildeten sich diese Pfaffen eigentlich ein? Die meisten von ihnen kamen doch selbst gar nicht klar. Gut, es gab Ausnahmen wie Pater Josef, Pater Peter oder Pastor Ben. Aber der Rest? Chronische Besserwisser oder feiste Kleingeister, die das Leben nach dem Tod für wichtiger hielten als das Leben davor. Duckmäuser, die lieber vom himmlischen Frieden predigten, anstatt gegen irdische Ungerechtigkeiten anzukämpfen. Wo waren die Patres meiner Schule, als Kardinal Josef Ratzinger dem Befreiungstheologen Leonardo Boff einen Maulkorb verpasste, nur weil sich dieser für die Menschenrechte der Armen einsetzte? Sie waren zu Hause in ihrem Kloster, stopften sich die Bäuche voll und taten so, als ob sie das alles nichts anginge.

Das sei ja wohl so nicht ganz richtig, entgegnete Pater Direktor, als ich ihm am Ende meiner Schulzeit endlich mal die Meinung geigte. Eigentlich hatte ich mich zwei Tage vor der Zeugnisübergabe nur noch persönlich von ihm verabschieden wollen, doch dann war unser Gespräch aus den Fugen geraten. Ich sei mit meiner rebellischen Art eine große Bereicherung gewesen, hatte er gesagt – wohl um mir ein Kompliment zu machen. Aber nun sei er froh, dass ich um einiges vernünftiger geworden sei.

»Vernünftig?«, fragte ich überrascht und belustigt. »Sie meinen wohl eher angepasst.«

»Nein, ich meine vernünftig«, gab er zurück. »Erinnern Sie sich nur einmal daran, wie sehr Sie sich damals gegen das Bundeswehrgelöbnis gesträubt haben.«

Ich traute meinen Ohren nicht. Pater Direktor hielt meine Einwände gegen diese Propagandaveranstaltung auf unserem Schulhof tatsächlich für *unvernünftig*. Ich überlegte kurz, ob ich überhaupt darauf eingehen sollte, als es auch schon aus mir herausplatzte.

»Vernünftig wäre es gewesen, lieber Pater Direktor, wenn Sie diese Veranstaltung nie genehmigt hätten. Immerhin gilt das fünfte Gebot auch für die Soldaten der Bundeswehr: Du sollst nicht töten.«

Natürlich wusste ich, dass das so nicht ganz stimmte, denn Soldaten hatten einen Sonderstatus, der ihnen das Töten erlaubte. Außerdem war mir auch bewusst, dass ich gerade über das Ziel hinausschoss, doch in all den Jahren hatte sich bei mir so viel Frust aufgestaut, dass ich einfach nicht anders konnte, als alles rauszulassen. Pater Direktor wehrte sich mehr schlecht als recht, und ich redete mich in Rage. Ich erinnerte ihn an all die kleinen und großen Ungerechtigkeiten, die ich im Laufe meiner Schulzeit erlebt hatte, nannte das Verhalten der Patres in Sachen Leonardo Boff feige und beendete meine Anklage

mit einem Zitat aus der Bergpredigt: »Eher geht ein Ka-
mel durch ein Nadelöhr, als dass ein Reicher in das Reich
Gottes gelangt.« (Mt 19,24)

Das hatte gesessen. Dachte ich. Doch Pater Direktor
lächelte immer noch und sagte nur: »Ich sehe, wir haben
Ihnen viel beigebracht. Machen Sie was draus.«

Ich stockte und musste schlucken, denn in diesem
Moment wurde mir klar, dass ich genau das vermissen
würde. So konservativ, reaktionär und verbohrt die Patres
in vielen Dingen auch waren, so wichtig war ihnen das
Wohlergehen ihrer Schüler. Und egal wie sehr ich mich
auch gegen sie aufgelehnt hatte, im Grunde hatte ich
mich immer gut aufgehoben gefühlt. Ich reichte Pater
Direktor zum Abschied die Hand und machte, dass ich
verschwand, bevor die erste Träne aus meinen Augen
kullerte.

Vielleicht war ja genau das die Tragik ihres Auftrags.
Einerseits lebten die Patres in einer Glaubenswelt, die
keinerlei Widerspruch duldete, andererseits versuchten
sie uns zu kritisch denkenden Menschen zu erziehen. Im
Grunde sägten sie dabei Tag für Tag an dem Ast, auf dem
sie alle saßen, denn »wer in Glaubenssachen den Verstand befragt, bekommt unchristliche Antworten« – das
wusste schon der gute alte Wilhelm Busch.

Das Ende meiner Schulbahn bedeutete in vielerlei
Hinsicht einen Neuanfang, gerade auch was meinen
Glauben anging. Genug war genug. Ich war nicht nur zu
alt für den Scheiß, ich hatte auch schon seit Längerem
das Gefühl gehabt, nicht mehr wirklich dazuzugehö-

ren. Angeblich waren vor dem HERRN ja alle Menschen gleich – doch für Punks, Andersdenkende, Andersle- bende und all jene, die Fragen stellten, schien das in der katholischen Kirche nicht zu gelten.

17. Licht am Ende des Tunnels

Scheinbar wollte sie noch etwas sagen. Doch aus ihrem Mund kam nur ein »Gnph!«, bevor sie sich kurz aufbäumte, um anschließend leblos zurück ins Kissen zu sacken. Obwohl ich wusste, dass Frau Zimmermann jetzt tot war, konnte ich ihre Hand nicht loslassen. Noch nicht. So saß ich eine weitere Viertelstunde neben ihrem Bett und dachte darüber nach, wie schrecklich dieses Leben doch sein konnte.

Frau Zimmermann war schon lange Jahre Witwe, hatte einen Sohn und eine Tochter, doch keiner der beiden hatte ihr in der allerletzten Stunde ihres Lebens zur Seite gestanden. Dabei war der Tod Frau Zimmermanns alles andere als überraschend gekommen. Schon drei Tage vor ihrem Sprung auf die andere Seite hatte die Kraft ihrer Gesichtsmuskeln nachgelassen, Augen und Schläfen waren in tiefe Höhlen gefallen, und die Nase war klein und spitz geworden. All das waren deutliche Anzeichen dafür, dass der Sensenmann mit großen Schritten im Anmarsch war, und jetzt hatte er sein Werk vollendet.

Als sich die Tür öffnete, schreckte ich kurz zusammen.

Es war Magda. Sie schob sich ins Zimmer und flüsterte: »Hier steckst du also. Ich hab dich schon überall gesucht. Komm, es wird Zeit für den Kaffee.«

»Du brauchst nicht mehr zu flüstern«, gab ich zurück, »Frau Zimmermann ist tot.«

»Oh, wirklich?« Meine Kollegin trat ans Bett und prüfte Puls und Atem. »Stimmt, sie hat es endlich hinter sich. Dann werden sich unsere anderen Liebchen wohl noch ein wenig gedulden müssen. Machst du bitte mal das Fenster auf?« Behutsam schloss Magda Frau Zimmermanns Augen, und während ich das Fenster öffnete, nahm sie aus dem Kleiderschrank einen Kniestrumpf und band ihn der Verstorbenen wie einen Zahnverband um den Kopf. Kurz standen wir noch schweigend am Bett, dann gingen wir hinaus. Magda rief den Arzt an, und ich verzog mich auf den Balkon, um eine zu rauchen.

»Das war dein erstes Mal, oder?« Der Kopf meiner Kollegin lugte durch die Balkontür und sah mich besorgt an. »Kommst du klar?«

Gute Frage. Kam ich klar? Bis eben war der Tod nur ein Wort gewesen, ein Begriff, vielleicht auch eine Möglichkeit, aber nichts Reales. Etwa so wie China. Von China wusste ich auch, dass es existierte, aber ich war noch nie dort gewesen, wusste weder wie es dort roch noch wie sich chinesische Erde anfühlte. Doch mit dem Tod war es jetzt anders – er war konkret geworden. Ich hatte ihn nicht nur mit eigenen Augen gesehen, ich hatte ihn gespürt. Es war, als stände ich unter einer riesigen Glasglocke. Alles, was mir bis eben noch wichtig gewesen war, schien nun bedeutungslos, der ganze Stress um Studienplatz, ums Geldverdienen, ja selbst die starken Gefühle für Magda. Alles war im Angesicht des Todes vollkommen sinnlos geworden.

Ich machte die Zigarette aus, drückte mich an Magda vorbei zurück ins Stationszimmer und versuchte, mir nichts anmerken zu lassen. »Natürlich komm ich klar«, gab ich mit einem schiefen Grinsen zurück, doch Magda ließ sich davon nicht täuschen.

Sie zog mich zu sich, umarmte mich und flüsterte: »Es ist okay.« Ein geheimes Signal, auf das sich die Tränenschleusen meiner Augen bis zum Anschlag öffneten.

Zehn Minuten später hatte ich mich wieder einigermaßen unter Kontrolle, sodass wir endlich den Rollwagen für den Nachmittagskaffee richten konnten.

»Sag mal«, fragte ich in die stumme Beschäftigung hinein, »warum hast du Frau Zimmermann eigentlich den Strumpf um den Kopf gebunden?«

»Damit der Mund zu ist, wenn die Leichenstarre einsetzt«, gab Magda ruhig zurück. »Wenn man das nicht macht, müssen die Bestatter grob werden, und das möchte ich Frau Zimmermann nicht zumuten, auch wenn sie davon wahrscheinlich nichts mehr mitbekommt.«

»Und die Sache mit dem Fenster? War das wegen der Leichengase?«

»Nein«, schmunzelte Magda, »das war wegen der Seele. Damit macht man es ihr leichter hinauszukommen.«

Magda war nur vier Jahre älter als ich, hatte ihre Ausbildung zur examinierten Krankenschwester aber schon längst abgeschlossen. Im Maria und Josef Altenheim für blinde und sehbehinderte Menschen war sie definitiv überqualifiziert, doch der Job war ja auch nur eine Übergangslösung, ein Warten auf die begehrte Stelle in der Landesnervenklinik in Andernach. Gleich nach unserem Kennenlernen hatte ich mich von meinem beschaulichen Pfortendienst in den weitaus weniger bequemen Pflegedienst versetzen lassen. Fortan machte ich Betten, verteilte Essen, kämmte Haare und wechselte Windeln – alles nur, um Magda möglichst nahe zu sein. Ich hatte mich bis über beide Ohren in sie verknallt. Und wie Goethe schon wusste: Überall lernt man von denen, die man liebt.

Wenn Magda sagte, dass die Seele eines Menschen nach dem Tod zum Fenster hinaus wollte, dann war das so. Wenn sie behauptete, dass jeder Mensch so lange wiedergeboren würde, bis er all seine irdischen Aufgaben erledigt hätte, dann wollte ich auch daran glauben. Magda war der Überzeugung, dass zu jeder Zeit das Richtige passierte und die »guten Kräfte«, wie sie sie nannte, stets auf sie aufpassten. Seitdem wir ein Paar waren, achteten diese guten Kräfte selbstverständlich auch auf mich. Im Grunde waren sie ja nichts anderes als der HERR, nur freundlicher und ohne Hintergedanken. Man konnte sie um etwas bitten, ohne dass man im Gegenzug drei Vaterunser sprechen musste, und auch die Geschichte mit dem Sterben war durch sie gar nicht mehr so schlimm.

In Magdas Vorstellung war das Leben zwar auch eine Prüfung, aber eine, bei der man nicht durchfallen konnte. Anstatt in der Hölle zu landen, blieb man bei schlechter Führung also nur sitzen und drehte ein paar Ehrenrunden. Was für eine Befreiung! Neunzehn lange Jahre hatte man mir eingetrichtert, dass ich ein Sünder sei. Neunzehn Jahre lang hatte ich diesen Blödsinn geglaubt, doch jetzt war ein für alle Mal Schluss damit. Nie wieder beten, nie wieder beichten. Stattdessen lag ich abends mit Magda auf dem Sofa und versuchte mich in Telekinese.

Die Idee dazu war ihr durch ein Buch gekommen, welches sie auf dem Flohmarkt entdeckt hatte. Es trug den wenig eingängigen Namen *Telekinese und Telepathie – Die Kraft des Geistes entdecken, erforschen, entwickeln, entfalten*. Eigentlich war Magda auf diesem Flohmarkt damals ziemlich in Eile gewesen und hatte nur mal schnell drüberhuschen wollen, doch dann, so erzählte sie mir, wurde sie von einer unsichtbaren Kraft zu diesem Bücherstand gezogen. Ihr erster Blick fiel auf den Telekinese-Ratgeber, und damit war klar: Das Buch wollte zu uns. Es war Schicksal. Wir sollten lernen, wie man Gegenstände bewegte, ohne sie zu berühren.

Mindestens zweimal pro Woche hielten wir uns an die Anleitungen, die wir darin fanden, meditierten oder starrten auf Zahnstocher in Wassergläsern, doch egal wie wir uns auch anstrengten, nichts passierte. Der Zahnstocher zuckte nicht einmal. Vom Wasserglas ganz zu schweigen. Dabei prangte auf dem Buchrücken ein eindeutiges Versprechen: »Einfachste Übungsanleitungen helfen dem

Leser, sich Schritt für Schritt in Telepathie und Telekinese einzuarbeiten – die Erfolge sind vorprogrammiert.« Doch das Einzige, das bei diesem ganzen Hokuspokus vorprogrammiert zu sein schien, war das Ende unserer Beziehung. Während ich nämlich glaubte, dass die Autorin beim Verfassen des Klappentextes den Mund wohl etwas zu voll genommen hatte, war es für Magda ganz klar, dass ich mir einfach nicht genug Mühe gab. Selbstverständlich gab es auch noch andere Gründe, warum wir aneinander scheiterten, aber unser misslungenes Experiment trug im großen Maße dazu bei, dass Magda mir zum Ende meines Zivildienstes den Laufpass gab.

Was mir blieb, waren die guten Kräfte, also die Gewissheit, dass etwas auf mich aufpasste. Durch dieses Etwas fand ich einen Studienplatz in Tiermedizin und merkte schon nach dem ersten Semester, dass ich wohl zu oft *Der Doktor und das liebe Vieh* geschaut hatte. Durch dieses Etwas lernte ich Steffi kennen, die mich nicht ganz uneigennützig darin bestärkte, das Studium abzubrechen und Masseur und medizinischer Bademeister zu werden. Und durch dieses Etwas begann ich nach meiner Ausbildung ein Studium der Erwachsenenbildung. Während all dieser Zeit war ich der festen Überzeugung, dass meinem Leben ein großer Plan zugrunde lag und dass die guten Kräfte mir dabei halfen, den Plan zu erfüllen. Aus irgendeinem Grund war ich ja schließlich auf der Welt.

»Fressen, ficken, fernsehen.« Tommi grinste von einem Ohr zum anderen. »Das ist der Grund, warum wir hier sind, glaub mir.«

Ich musste lachen. Da saßen Tommi und ich zusammen in meiner gemütlichen Wohnküche, hatten uns eine halbe Ewigkeit nicht gesehen und waren trotzdem schon nach wenigen Minuten wieder bei unserem Lieblingsthema. Das Feuer im Ofen gab ein heimeliges Knistern von sich, während der Tee in unseren Tassen vor sich hin dampfte.

Nach der gemeinsamen Schulzeit hatte es uns in verschiedene Himmelsrichtungen verschlagen. Er hatte in Bonn studiert, ich in Leipzig, dann war er nach Tübingen gegangen, und ich war mit Freunden auf einen kleinen Bauernhof in die Nähe von Koblenz gezogen.

»Immer noch ganz der Alte, was?«, grinste ich Tommi an und wärmte dabei die Hände an meiner Tasse.

»Na klar. Abgesehen von der Tatsache, dass ich mittlerweile zur Hare-Krishna-Bewegung gehöre.«

Ich traute meinen Ohren nicht. »Du gehörst *zu wem*?«

»Kleiner Scherz, natürlich nicht. Ich bin immer noch der alte Skeptiker und Antichrist von damals. Und du?«

»Na ja«, ich zögerte, »eigentlich wollte ich schon längst aus der Kirche ausgetreten sein, aber als bald ausgebildeter Diplompädagoge wäre das ziemlich blöd. Die Caritas ist in der Erwachsenenbildung einer der größten Arbeitgeber.«

Tommi schaute mich prüfend an. »Ich meinte auch eher, ob du noch an Gott glaubst.«

»Mal so, mal so. Ich glaub nicht wirklich an einen Gott, aber sagen wir mal an so etwas Ähnliches – an Energien. Und du? Glaubst du immer noch an gar nichts?«

»Zumindest nicht im herkömmlichen Sinne, ja.« Tommi schien meinen verwirrten Gesichtsausdruck sichtlich zu genießen.

»Du machst es aber spannend.«

»Ich wollte damit nur sagen, dass ich an viele nicht überprüfbare Dinge glaube. Beispielsweise stelle ich nachts mein Mobiltelefon aus, weil ich denke, dass mir die Strahlung schadet, und wenn ich eine Münze in einen Automaten werfe und sie kommt einfach wieder so raus, dann reibe ich sie so lange, bis die Maschine sie endlich nimmt.«

Ich musste schmunzeln. Da war er wieder, mein Freund Tommi, der sich über die seltsamsten Sachen Gedanken machte. »Aber sonst geht es dir gut, ja?«

Er lachte. »Danke der Nachfrage, sehr gut sogar, und willst du wissen warum? Weil ich einfach an keine Wahrheiten mehr glaube.«

Unwillkürlich schoss mir die Frage in den Kopf, ob dieses Psychologiestudium meinem Freund wirklich gutgetan hatte. »Was soll das heißen, du glaubst an keine Wahrheiten mehr? Bist du jetzt endlich so richtig ballaballa?« Ich griff in die Obstschale, die vor mir auf dem Tisch stand, nahm einen Apfel heraus und hielt ihn in die Höhe. »Das hier ist ein Apfel, oder etwa nicht?«

»Nun ja.« Tommi kratzte sich am Kopf. »Wahrscheinlich schon.«

»Siehst du«, triumphierte ich, »es gibt also doch Wahrheiten.«

»Langsam, langsam«, widersprach er mir, »ich habe gesagt, *wahrscheinlich*. Kannst du dich noch daran erinnern, wie uns Herr Balter in der fünften Klasse die Optik erklärt hat? Da gab es diese Grafik mit den zwei Pfeilen. Das Bild deines Apfels wird durch meine Augenlinse umgedreht und steht auf meiner Netzhaut erst einmal auf dem Kopf. Dass ich den Apfel dann doch richtig herum sehe, verdanke ich der Rechenleistung meines Gehirns.«

»Das mag ja sein, aber trotzdem siehst du doch einen Apfel.«

»Ich glaube, einen Apfel zu sehen. Das ist ein gewaltiger Unterschied. Komm, wir machen mal einen kleinen Versuch.« Er griff nach der Zeitung auf der Fensterbank und hielt die Titelseite in die Höhe. »So, jetzt steh mal auf und lies mir ein paar Schlagzeilen vor.«

Ich erhob mich von meinem Stuhl und tat, wie mir geheißen, auch wenn ich keinen blassen Schimmer hatte, worauf Tommi eigentlich hinauswollte. Nach der dritten Schlagzeile unterbrach er mich. Jetzt sollte ich rückwärtsgehen, bis die Zeilen der Überschriften verschwammen und unleserlich wurden. Als ich den Punkt erreicht hatte und ihm ein Zeichen gab, blätterte Tommi eine Seite um und bat mich erneut vorzulesen.

»Scherzkeks, was soll das?«, gab ich leicht genervt zurück. »Von hier aus kann ich nichts entziffern.«

»Gut, dann pass jetzt mal genau auf.« Tommi hielt die Zeitung nur noch mit einer Hand fest und deutete mit der anderen Hand auf die Schlagzeile oben rechts, bevor er sie mir laut vorlas.

Was dann geschah, war wirklich verblüffend: Ich konnte plötzlich jedes einzelne Wort lesen.

»Du solltest Zauberer werden«, ermunterte ich ihn und setzte mich wieder an den Frühstückstisch. »Trotzdem verstehe ich nicht, was das alles mit dem Apfel und der Wahrheit zu tun hat.«

»Das ist ganz einfach«, erklärte Tommi. »Im Kern geht es darum, dass wir keine präzisen Schlussfolgerungen aus unseren unpräzisen Wahrnehmungen ziehen können. Genauso wenig, wie wir eine präzise Summe aus einer Rechnung von ungefähr hundert Gramm plus etwa zwei Kilo ziehen können. Oder anders gesagt: Weil unsere Wahrnehmung niemals absolut ist, kann auch keine Schlussfolgerung aus ihr absolut sein. Folglich können wir also niemals von Wahrheiten, sondern immer nur von Wahrscheinlichkeiten sprechen.«

Das klang zwar logisch, war aber vollkommen abgedreht. »Mein Apfel ist also nur wahrscheinlich ein Apfel? Und du bist auch nur wahrscheinlich mein Kumpel Tommi? Entschuldigung, aber du hast doch einen Knall.«

»Wahrscheinlich habe ich einen Knall, schließlich bin ich ja Psychologe«, lachte Tommi. »Trotzdem habe ich wahrscheinlich auch recht. Es gibt da ein paar Übungen, mit denen man der ganzen Sache ein bisschen näherkommt. Soll ich sie dir mal aufschreiben?«

»Ja bitte, Herr Doktor«, antwortete ich belustigt, »mach mich gesund!«

Gleich am nächsten Tag legte ich mir Block und Kugelschreiber ins Auto, um der Sache mit der selektiven Wahrnehmung auf den Grund zu gehen. Für jedes Fahrzeug, das mich mit einem Emser Nummernschild überholte, gab es einen Strich unter der Überschrift »Ausnahme«. Für die Nicht-Emser, die mich ausbremsten, gab es einen Strich unter »Zufall«, und jede Bestätigung meiner Vorurteile wurde mit einem Vermerk unter »Recht gehabt!« festgehalten.

Schon nach wenigen Tagen musste ich mir eingestehen, dass »Ausnahme« und »Zufall« weit häufiger vorkamen, als ich es für möglich gehalten hätte. Das weckte meine Neugierde. Tommi hatte mir eine ganze Reihe Übungen aufgeschrieben, die dabei helfen sollten, mein gewohntes Denkschema zu durchbrechen. Ich steckte meine rechte Hand in heißes Wasser, meine Linke in kaltes, um danach mit beiden Händen im lauwarmen Wasser festzustellen, dass meine Sinne mich wirklich oft täuschten. Ich sagte mir dreimal täglich »Die Straßen liegen voll verlorenem Kleingeld« und fand tatsächlich mehr Pfennigstücke als je zuvor. Ich ging durch die Koblenzer Fußgängerzone, lenkte meinen Blick auf die Stockwerke über den Geschäften und entdeckte eine mir völlig fremde Stadt.

Doch am heftigsten waren die Übungen, die Tommi unter »Realitätstunnel« zusammengefasst hatte. Sie verlangten, dass ich mich vier Wochen lang in die Perspektive eines Nazis versetzte, um nach Beweisen für die Überlegenheit der weißen Rasse zu suchen. Die vier Wochen darauf waren dem Judentum reserviert. Nun galt es, Beweise für die Existenz eines auserwählten Volkes zu finden. Was soll ich sagen? Als Faschist war ich er schreckenderweise genauso gut wie als ultraorthodoxer Jude, und am Ende all dieser Übungen hatte ich Tommi endlich verstanden: Allgemeingültige Wahrheiten gab es nicht, Wahrheit war eine Sache der Perspektive und damit auch immer ein Produkt des Zufalls. Ob jemand an einen oder mehrere Götter glaubte, ob er Jesus Christus als Messias betrachtete oder Mohammed als Propheten – all das hing in erster Linie davon ab, wo er herkam und mit welchen Vorstellungen und Werten er erzogen worden war.

Was war mit mir? Wie sah mein Realitätstunnel aus? Man hatte mir Angst gemacht. Man hatte mir gepredigt, dass dieses Leben eine Art Prüfung sei, eine Bewährungsprobe für das zukünftige Dasein im Jenseits. Und obwohl mir mein Verstand schon seit langer Zeit gesagt hatte, dass das alles ziemlicher Unfug war, hatte die Angst vor der Bestrafung so tief in mir dringesteckt, dass ich das Offensichtliche nicht wahrhaben wollte: Man brauchte für die Erklärung dieser Welt keine übernatürlichen Kräfte. Zugegeben, unsere Welt war großartig und geheimnisvoll, aber dennoch sah sie genau so aus, wie man es von einer Welt natürlichen Ursprungs erwarten konnte.

Ich hatte Jahrzehnte gebraucht, um die Prägung meiner Kindheit zu überwinden, doch von nun an war für mich klar: Es gab nur einen Gott. Und der war ein tschechischer Schlagersänger mit Vornamen Karel.

Nachwort

Bei allem, was mir heilig ist

Jetzt aber mal Schluss mit lustig. Auch wenn ich als Kind und Jugendlicher viel Spaß in der katholischen Kirche hatte, eines werde ich diesem Verein nie verzeihen: dass sie einem Geschichten erzählen. Dass sie behaupten, sie wüssten, wie der Hase läuft, obwohl sie selbst keinen Plan haben. Denn eines ist absolut sicher: Kein Mensch weiß, was uns nach dem Tod erwartet, kein Priester, kein Rabbi und kein Imam. Religion ist Vermutung, Spekulation, sie ist für die Ängstlichen unter uns eine Art »Versicherung im Diesseits gegen Feuer im Jenseits«, wie es Robert Lembke einmal so schön ausgedrückt hat.

Genau das sollten wir auch unseren Kinder im Religionsunterricht erzählen: »Schaut mal, es gibt einen ganzen Haufen Religionen, Philosophien und Moralvorstellungen auf dieser Welt. Wir gehen die jetzt zusammen durch, und in ein paar Jahren sucht sich dann jeder von euch etwas Passendes aus, okay?« Das wäre ethisch vertretbar – das, was bei uns läuft, ist es nicht. Vielleicht wissen Sie es gar nicht, aber bei uns wird tatsächlich der Bock zum Gärtner gemacht. An bundesdeutschen

Schulen dürfen die Kirchen den Unterrichtsinhalt selbst organisieren, ausgerechnet die Kirchen, deren Glaubensgrundsätze nicht den Hauch eines Zweifels dulden. Warum überlassen wir dann nicht gleich auch den Musikunterricht einem Major-Label wie Universal, Warner oder Sony? Oder das Fach Geschichte dem Bund der Vertriebenen?

Die Kirchen in Deutschland haben viel zu viel Einfluss. Warum dürfen mich Katholiken und Protestanten beispielsweise jeden Sonntagmorgen mit ihrem Kirchengeläut aus dem Schlaf reißen, aus der einzigen Sache, die *mir* heilig ist? Warum müssen die sich mit ihrem Bet-Alarm an keinerlei Gesetze halten? Stellen Sie sich einmal vor, ich würde jeden Sonntag um neun in den Garten gehen und aus Freude über die Erkenntnis, dass es keinen Gott gibt, zehn Böllerschüsse in den Himmel abfeuern. Was denken Sie, was dann los wäre?

Von mir aus darf jeder glauben, was er will, ehrlich – aber dafür möchte ich bitte über alles lachen dürfen, auch über Karikaturen von Göttern, Geistern und Propheten. Es mag wirklich sein, dass der Glaube an ein übernatürliches Wesen vielen Menschen Trost und Halt gibt und dass er manche Menschen über sich hinauswachsen lässt. Trotzdem: Auch ein gemäßigter Glaube muss sich den Vorwurf gefallen lassen, Nährboden für Eiferer und Extremisten zu sein.

Ein anschauliches Beispiel dafür ist die Grabeskirche in Jerusalem. Sage und schreibe sechs christliche Konfessionen beherbergt diese historische Immobilie. Die

Hauptverwaltung haben die griechisch-orthodoxe, die römisch-katholische und die armenisch-apostolische Kirche inne. Im 19. Jahrhundert kamen die syrisch-orthodoxe Kirche von Antiochien, die koptische Kirche und die äthiopisch-orthodoxe Kirche hinzu. Bei so viel geballtem Christentum sollte man meinen, dieses Gotteshaus sei der friedlichste Ort der Welt – doch weit gefehlt. Eine winzig kleine Meinungsverschiedenheit genügt, und schon gehen die Mönche mit Besen, Fäusten und Kerzenständern aufeinander los. Man kann es meiner Meinung nach gar nicht deutlich genug sagen: Das ist Wahnsinn, diese Leute sind vollkommen plemplem.

Und wo wir schon beim Wahnsinn sind: Da fliegen wir Menschen auf unserem kleinen blauen Planeten im Abstand von 150.000 Kilometern um einen atomaren Feuerball durchs All. Und als wäre diese Tatsache nicht schon irre genug, kreist unser gesamtes Sonnensystem, zusammen mit 100 Milliarden anderen Sonnen samt deren Planeten, um ein schwarzes Loch in der Mitte unserer Galaxis. Um es Ihnen leichter zu machen: Stellen Sie sich ein dichtes Schneetreiben auf einem Gebiet von zehn Kilometern Durchmesser und einem Kilometer Höhe vor. Würde man unsere Galaxis auf diese Größe verkleinern, entspräche jede einzelne Schneeflocke einer Sonne. Und wie gesagt: Das wäre dann nur *unsere* Galaxis. Nach allem, was wir heute wissen, besteht unser Universum aber aus mehr als 100 Milliarden Galaxien – das sind hundert mal eintausend Millionen – eine 1 mit elf Nullen! Allein diese Ausmaße sprengen jegliche menschliche Vorstellungskraft. Und das alles soll ein Schöpfer *unseretwegen* erschaffen haben? Nehmen sich gläubige Menschen da nicht ein bisschen zu wichtig?

Der Tod ist eine schmerzhafte Angelegenheit, das weiß ich aus eigener Erfahrung. Drei Wochen bevor ich dieses Nachwort schrieb, verstarb einer meiner engsten Freunde. Tagelang spukte mir zwischen Schock und Hoffnungslosigkeit die Idee durch den Kopf, dass mein Kumpel doch noch da wäre, dass er mich von irgendwoher beobachten würde. Mir gefiel diese Idee so gut, dass ich sie mir zur Gewohnheit werden ließ. Mittlerweile muss ich meinen Freund manchmal sogar bitten, mir ein bisschen Privatsphäre zu lassen, so präsent ist er. Dennoch behaupte ich, dass dies kein Anflug von religiösem Wahn ist. Ich glaube nämlich nicht, dass er mich tatsächlich beobachtet. Doch ich weiß, wer er war. Ich kenne seinen Humor, seine Ideen und seine Haltung, und genau diese Erinnerung zapfe ich an, wenn ich mich mit ihm unterhalte. Von wegen, ein abstürzendes Flugzeug kennt keine Atheisten: Man kann durchaus auch in der Not bei Sinnen bleiben.

Wir alle werden sterben, zwangsläufig, denn die Evolution braucht Platz für Neues. Aus Kindern werden Eltern, Großeltern, vielleicht sogar noch Urgroßeltern, aber dann ist Schluss, dann übernimmt die nächste Generation, und das ist auch gut so. Gäbe es diesen Kreislauf nicht, gäbe es weder Sie noch mich, es gäbe keine Tiere, keine Pflanzen, nichts. Der Evolution geht es um Arterhaltung, nicht um Individualität, deswegen ist der

Traum vom ewigen Leben in meinen Augen nichts weiter als Wunschdenken. Aber wie gesagt, ich möchte niemanden von irgendetwas überzeugen. Mir ist es ganz egal, ob Sie an Ufos glauben oder zu John Frum beten, ob Ihr Gott zehn Arme oder einen Rüssel hat. Solange Sie mich in Ruhe lassen, ist alles gut.

Aber genau das machen die Kirchen in Deutschland nicht, und das regt mich mächtig auf.

Punkt 1 – das Tanzverbot. An insgesamt neun Tagen im Jahr verbietet mir eine Allianz aus Kirche und Staat in Rheinland-Pfalz das öffentliche Tanzen. Und damit habe ich noch Glück, in Baden-Württemberg sind es sage und schreibe achtzehn Tage. Außerdem ist dort sonntags und an gesetzlichen Feiertagen zwischen drei und elf Uhr morgens das Tanzen untersagt. Was soll das? Verbiete ich irgendjemandem das Beten?

Punkt 2 – die Dotationen. Mehr als 400 Millionen Euro kosten die zweckgebundenen staatlichen Zuwendungen zur Finanzierung kirchlicher Behörden und Amtsträger den deutschen Steuerzahler Jahr für Jahr. Zahlungen, die als Ausgleich für enteigneten Kirchenbesitz schon seit einer halben Ewigkeit geleistet werden und deren Ende noch immer nicht abzusehen sind. So berappe ich seit meinem Austritt aus der Kirche zwar keine Kirchensteuer mehr, dafür aber immer noch Gehälter von Bischöfen und Domvikaren. Geht's noch?

Punkt 3 – Arbeitsrecht. In katholischen Einrichtungen gilt die wilde Ehe oder eine Wiederheirat nach einer Scheidung als ausreichender Grund zur Kündigung. Nun könnte man meinen, dass den Kirchen dieses Recht zusteht, weil sie diese Häuser bezahlen – aber so ist es ja nicht. Gerade mal 1,8 Prozent der Gesamtkosten von Caritas und Diakonie finanzieren die beiden großen Amtskirchen, mehr nicht. Trotzdem müssen sich die Mitarbeiter der Caritas auch in ihrer privaten Lebensführung den katholischen Moralvorstellungen unterwerfen. Eine absolute Frechheit.

Schon seit etlichen Jahren leben in Deutschland mehr konfessionsfreie Menschen als Katholiken oder Protestanten, und jedes Jahr werden es mehr. Meiner Meinung nach ist es höchste Zeit, dieser gesellschaftlichen Entwicklung Rechnung zu tragen. Oder anders gesagt: Als freier Mensch und mündiger Bürger möchte ich tanzen, wann immer mir danach ist, auch am Karfreitag. Sollte sich dadurch wirklich jemand in seinen religiösen Gefühlen verletzt fühlen, möge er bitte wegschauen. Ich tanze auch ganz bestimmt nicht vor einer Kirche.

Versprochen.

Für Thorsten.
Du fehlst.

Was tut man nicht alles für einen guten Freund. Und für ein paar Millionen ...

416 Seiten. ISBN 978-3-442-37865-4

Der Donnerstag ist der Höhepunkt in Siebeneisens eintöniger Woche – dann trifft er sich zum Tipp-Kick im Fetten Hecht. Eines Abends kommt sein Kumpel Schatten mit Neuigkeiten in die Stammkneipe: Er hat geerbt. Zumindest fast. Denn die 50 Millionen werden ihm nur ausgezahlt, wenn er seine sieben Miterben auftreibt. Die allerdings sind in alle Welt zerstreut. Siebeneisen macht sich auf die Suche, die im australischen Outback beginnt – aber das ist bloß die erste Station einer haarsträubenden Weltreise ...

Lesen Sie mehr unter: **www.blanvalet.de**

... auch im Internet!

 twitter.com/BlanvaletVerlag

 facebook.com/blanvalet